FEELING SMART

Why Our Emotions Are
More Rational Than We Think

狡猾的情感

为何愤怒、嫉妒、偏见让我们的决策更理性

[以] 埃亚尔·温特 著/王晓鹂 译

中信出版集团 | 北京

图书在版编目（CIP）数据

狡猾的情感：为何愤怒、嫉妒、偏见让我们的决策更理性 / (以) 埃亚尔·温特著；王晓鹂译. -- 2 版. -- 北京：中信出版社，2022.10

书名原文：Feeling Smart: Why Our Emotions Are More Rational Than We Think

ISBN 978-7-5217-4696-9

Ⅰ. ①狡… Ⅱ. ①埃… ②王… Ⅲ. ①决策 Ⅳ. ①C934

中国版本图书馆 CIP 数据核字（2022）第 171337 号

狡猾的情感——为何愤怒、嫉妒、偏见让我们的决策更理性
著者：［以］埃亚尔·温特
译者：王晓鹂
出版发行：中信出版集团股份有限公司
（北京市朝阳区惠新东街甲 4 号富盛大厦 2 座　邮编　100029）
承印者：宝蕾元仁浩（天津）印刷有限公司

开本：880mm×1230mm 1/32　印张：9.5　字数：188 千字
版次：2022 年 10 月第 2 版　印次：2022 年 10 月第 1 次印刷
京权图字：01–2015–2877　书号：ISBN 978–7–5217–4696–9
定价：68.00 元

献给我的妻子阿塔莉亚

她是我理智与情感的指南针

好评如潮

在《狡猾的情感》一书中，埃亚尔·温特向我们展示了我们有时希望自己不曾拥有的情感（如愤怒和嫉妒），也有其出人意料的用处。读完此书，你生气的次数肯定不会减少，但你会更加了解影响情感的重点。

——《怪诞行为学》作者　丹·艾瑞里

很高兴能跟随埃亚尔·温特探寻不合逻辑的情感所蕴含的深层逻辑，并在其帮助下认识到非理性行为的合理性。

——诺贝尔经济学奖获得者　罗杰·迈尔森

和西格蒙德·弗洛伊德相似，埃亚尔·温特也知道了解人类行为需要倾听和观察，而非贴标签、分门别类。但有一点弗洛伊德不知道：用经济理论的严谨语言阐述他的发现竟会如此发人深省、令人称奇、激动人心。

——诺贝尔经济学奖获得者　罗伯特·卢卡斯

很多人以为情感与理性思考的范畴向来互不沾边。但这部引人入胜的作品证明，他们错了：情感对理性决策起了重要作用。《狡猾的情感》

向我们展示了前因后果。

——哈佛大学前校长及美国财政部前部长　劳伦斯·萨默斯

我们习惯性地认为愤怒、爱、羞辱等情感是非理性的。埃亚尔·温特在自己的新书中解释了为何这些情感其实非常理性，并且帮助我们实现了每个人最切身的利益。这是一部十分重要、妙趣横生、令人信服的著作。

——诺贝尔经济学奖获得者　罗伯特·奥曼

埃亚尔·温特，作为一名知名博弈论学者和行为经济学家，带着同情心与同理心，记述理性与情感。

——诺贝尔经济学奖获得者　阿尔文·罗思

埃亚尔·温特以引人入胜的笔触阐述行为与情感的科学，解释情感为何及如何让我们变得更加聪明，并对人类进化过程中的理性行为与互动起到了核心作用。而这一过程无法捉摸，是自我意识所无法获知的。

——诺贝尔经济学奖获得者　弗农·史密斯

人们往往认为感性和理性是截然相反的两极，但埃亚尔·温特——一位杰出的博弈论学者和经济学家——令人信服地证明，情感其实可以促进理性行为，他的著作读起来津津有味。

——诺贝尔经济学奖获得者　埃里克·马斯金

埃亚尔·温特的著作令人钦佩地结合了近年来关于社会和个人行为及其对经济行为影响的重要研究成果。他清晰无误地说明了较为传统的理性分析何以仍然是解释的重要部分，但绝不可止于此。他的阐述轻松活泼，却不失严谨。他将从家人口中听到的故事与引用的文献紧密结合，他本人则对这些文献做出过重要贡献。

——诺贝尔经济学奖获得者　肯尼斯·阿罗

本书让社会性内容回归社会科学领域。事实上，博弈论有感性的一面，而温特展示了表达并了解自身及周围人的情感何以会帮助你成为更加优秀的战略家。是足智多谋，还是愁肠百结，全看你自己。

——耶鲁大学管理学院“密尔顿·施泰因巴赫教授”[①]

及《妙趣横生博弈论》作者　巴里·奈尔伯夫

这是一部非常难得的著作，普通读者随便翻到哪一页，都可以找到有意思的内容……对于普通读者来说，《狡猾的情感》介绍了以情感影响行动的积极方式，是一段引人入胜的阅读体验。对于那些担心自己的情感会偶尔战胜“高级官能”的人来说，这也是一服有益的镇痛剂。

——《金融时报》

这本书见解深刻，引人入胜。

——《成功》杂志

这本书引用了大量精彩的研究和个人逸事，是一部生动活泼、通俗易懂的作品。

——《柯克斯书评》

① “密尔顿·施泰因巴赫教授”为耶鲁大学的一种教授头衔。——译者注

《狡猾的情感》对支配我们抉择的许多因素提出了许多深刻的见解，至少我们可以在其帮助下，通过内在的理性基础理解自己的情感。

——**《出版人周刊》**

目 录

序 言 / IX

前 言 何为理性？ / XV

第一部分

论愤怒与承诺 / 001

第一章 生气有何意义？ / 003

情感是建立承诺的机制

第二章 我们为何会爱上虐待我们的人？ / 013

斯德哥尔摩综合征与纳粹教师的故事

第三章 情感骗子、共情与埃兹拉舅舅的扑克脸 / 021

第四章 博弈论、情感与道德金律 / 037

第五章 重复互动中的囚徒困境 / 045

利刃出鞘是否能促进世界合作？

第六章 论正直、侮辱和报复 / 061

为何软蛋不会产生厌恶感？

第二部分

论信任与慷慨/ 069

第七章　论偏见与信任博弈／　071

蜜蜂为何自杀？

第八章　自圆其说的猜疑／　081

第九章　文化差异、巴勒斯坦式的慷慨与鲁思的神秘失踪／　085

第十章　集体情感与沃尔特的心理创伤／　101

第十一章　不利条件原理、十诫以及保障集体生存的其他机制／　113

第十二章　懂得如何付出，亦要懂得如何接受　／　127

满满半盘霍伦特

第三部分

论爱与性/ 133

第十三章　求爱喷雾／　135

论建立信任、消除猜疑的激素

第十四章　论两性与进化／　141

迷思真伪之辨

第十五章　找到我的天作之合／　167

繁殖与爱之数学

第十六章　从穴居人长笛到巴赫赋格曲／　183

为何进化会创造出艺术？

第四部分

论乐观、悲观与群体行为 / 189

第十七章　我们为何如此消极？／　191

情感算术

第十八章　论傲慢与谦逊／　197

挪威教授综合征

第十九章　自负与风险／　203

“我不会中枪”综合征

第二十章　随声是非／　215

论“羊群效应”的根源

第二十一章　团队精神／　229

高奖金与怠工的悖论

第五部分

论理性、情感与基因 / 245

第二十二章　非理性情感／　247

第二十三章　先天与后天／　257

理性情感根源何在？

后　记　／　263

注　释　／　271

序 言

人为何不能更加理性地思考？相对于理想化的“思想者”形象，进化过程似乎在我们身上留下了若干缺陷。否则，要如何解释我们如此情绪化的原因？一个人发脾气有何好处？所处的世界竞争如此激烈，我们为何有时反而会感到谦卑？在羞愧难当、巴不得找个地缝钻进去的时候，我们为何会变得面红耳赤，让自己更加显眼？说起这点，我们究竟为何会感到羞愧？又为什么会后悔？我们为何会燃起熊熊爱火？究竟是什么让我们从一而终？又是什么让我们自告奋勇，去承担最危险的军事任务？若能停下片刻，三思而行，仔细权衡利弊，冷静地计算出最终得失，很多行为我们断然不会做出。然而，没有了这些行为，我们又难以称为人。

电视剧《星际迷航》中的人物斯波克先生经常用宽宏大量而又高高在上的眼神看他在“进取”号星舰上的船员同僚。作为瓦肯星人，斯波克与我们迥然不同，他的所作所为完全不受感情左右，全部遵从于理性与逻辑的考量。看着他在《星际迷航》中，于危急关头从容不迫、沉着冷静地处事，我们自惭形秽。这种感受有道理吗？事实上，假如人类和瓦肯星人一样，进化成了没有感情的物种，我们的生活会艰辛得多，而且很有可能根本无法存活。

很多人往往以为决策就是两种截然相反的机制进行关键角力的过程。我们内心的情感与冲动机制会诱使我们做出"错误"选择，而同样存在于我们内心的理性与智力机制却能慢条斯理、循序渐进地引导我们最终做出正确选择。虽然几十年前还有很多科学家对此表示认可，但这种看法却过于片面，并不正确。

我们的情感与智力机制共同作用，相辅相成。有时，二者根本不可分割。在很多情况下，靠情感和直觉做出的决定，其效率——以及效果——或许都要远远优于对各种可能后果和影响进行深思熟虑后所做的决定。加州大学圣巴巴拉分校所做的一项研究表明，在适度生气的状态下，我们对争议话题中的各种观点究竟有无意义会有更加敏锐的分析能力。我参与的一项研究表明，在生气于己有益的情况下，我们会更容易生气。换言之，情感与逻辑往往是你中有我，我中有你的。

情感对我们的决策过程有何影响？对我们有弊还是有利？在社会场合中有何作用？集体情绪是怎么形成的？是什么样的进化机制让我们成了既会思考又情绪化的生物？近年来发表的有关情

感与理性“界限”的最新调查研究提出了一些观点，本书将利用这些观点来解答以上问题。

过去20年的一场无声革命催生了这些有关情感作用的新观点，这场革命波及三大研究学科：脑科学、行为经济学和博弈论。近年来，三者共同拓展了我们在各个方面对人类行为的认识。过去，情感主要是心理学、社会学和哲学的研究课题，而理性则是经济学和博弈论的专属领域。现如今，理性研究与情感研究都成了以上领域学者经常涉足的研究课题。

博弈论和行为经济学是我所专攻的学术领域。这两个领域的发展正在迅速拓展经济学的学科范围。近20年，有12届诺贝尔经济学奖都颁给了这两个领域的研究者，其影响波及范围远远超出了学术界。例如，行为经济学家卡斯·R. 桑斯坦在时任美国总统巴拉克·奥巴马的政府中担任白宫信息与监管事务办公室主任。他的同僚理查德·H. 泰勒则是英国“行为洞见团队”的一员。该团队由英国首相戴维·卡梅伦创建，作为内部咨询委员会，隶属于内阁办公室。

虽然本书所依据的并非某个人或某一学派的理论，其中却有一条个人得出并贯穿始终的观点，该观点可用一个显然自相矛盾的词组加以概括——“理性的情感”。行为经济学研究及受其启发所创作的通俗文学作品，包括我的朋友丹·艾瑞里[1]与丹尼尔·卡尼曼[2]的著作，往往侧重于研究让我们偏离理性决策的心理偏差现象，这些心理有时对我们有害。在我看来，这一立场过于悲观。相比之下，我所要指出的是情感对我们有何作用以及如何增进我们的利益，包括我们最现实、最直接的利益。

对该课题进行探讨，不得不涉及两大重要研究领域：博弈论与进化论。

博弈论，本质上就是有关交互决策的研究。说该理论不可或缺，是因为人是社会性动物，会与其环境产生相互作用。通过博弈论方法，我们得以了解情感及其他行为特征在社会互动的背景下有何作用。否则，我们所看到的只能是“硬币的一面”，对自身行为的了解也失之片面。

想了解人类行为，进化论也必不可少。纳入进化论观点旨在解释行为特征对人类物种的生存有何作用（或曾经有何作用）。和人类及其他生物的生理演化一样，人类的行为演化也是“一揽子交易”的结果：在很多情况下，某个行为特征或倾向在某种决策情景中似乎起到了阻碍作用，在别的决策情境中却是一大优势。

对于我同研究搭档所做的研究，书中自然有所侧重，但本书也涵盖了耶路撒冷希伯来大学理性研究中心的许多同人与学生所取得的研究成果，我有幸在过去几年中担任该中心的主任。其他不少来自世界各地的学术权威所做的研究在书中亦有提及，这些研究建立在理论分析与实验室研究的基础上。近几年，此二者已取代调研与问卷，成为社会科学领域的主要实证研究工具。

本人笔下“情感”一词的含义要比该词在通用语境中的含义更加宽泛。我所谈的情感不仅包括愤怒和忧虑等人人认可的情感概念，也包括公正、平等和雅量等一般被视为社会规范的概念。此举的目的并不是对情感做出界定（这是本人所着力避免的一点），而是希望能将导致完全理性的思考过程出现偏差的各类现象都纳入研究范围。本书的观点不仅限于经济决策，也涉及大量其他话题，包括有关社会、政治、宗教、家庭、性和艺术的结论。

本书所面向的读者未必需要了解最新的社会科学研究，目前情感与理性行为之间的关系引起了精彩纷呈的辩论，而本书的宗旨就是让这样的读者也能参与到这场辩论之中。

谨此感谢本杰明·亚当斯及齐夫·赫尔曼：本杰明所提的编辑意见合情合理，齐夫则完成了将本书由希伯来文原版翻译为英文版的大部分工作，其水平无人可及。特别感谢我在耶路撒冷希伯来大学理性研究中心的研究搭档和师生同僚，能与他们进行学术交流、研究合作，实为幸事，本书也正是取材于此。交流虽是知性和理性层面上的，但对我却始终有着情感意义。

前　言

何为理性？

我们从定义说起。

在几乎所有语言中，理性一词都有两种不同用法。

第一种用法与主张和说明有关。某个主张若是以前后一致的内在逻辑和合理假设为依据，我们则可称该主张是理性的。

第二种用法则与决策有关。这一用法要复杂得多。迄今为止，经济学家和哲学家仍然未能敲定一个被广泛认可的直接定义。目前提出的定义几乎都存在缺陷，要么太严格（以致很难想出有什么决定可以达到该类定义对理性所设定的门槛），要么太宽泛（以致几乎一切可能的决定都达到了理性的标准）。

试考虑以下几个示例。

定义一：假如就某人所知，他/她所采取的某项行为为其带来的物质利益（或回报）没有其他行为可以比拟，该项行为即是理性的。

初看之下，这是一条“宽泛”的定义。须注意，根据该定义，某项行为理性与否与个人的主观认识有关。假设你周一买了某公司的股票，周二头条新闻就爆出该公司总裁因金融诈骗罪被捕的消息，公司股价因此下跌了 50%。根据该定义，你的行为仍有可能是完全理性的——你决定投资该公司的时候，对这条消息并不知情。即便你提前知道该公司总裁会遭到逮捕，只要你仍然相信股价会涨，这一行为就仍然是理性的。无论何时，只要你相信过股价会涨，根据定义一，购买该公司股票的行为在当时就算是理性的。

同理，假设在土耳其的集市上，卖地毯的摊主以为顾客会跟他讲价，所以标价虚高，但你还是按标价买了一张地毯。倘若你自认不善讲价，怕因讲价而买不到这张地毯，那你的选择仍然是理性的。

实际上，这是一条非常严格的定义。它将关注点局限在采取某项行为所带来的物质利益上。例如，如果某烟草公司正处于扩张阶段，你却因反对吸烟而拒绝购买该公司股票，根据该定义，你这种行为是非理性的。虽然这一行为（拒绝购买该公司股票）合情合理，甚至令人钦佩，但根据定义一，由于有另一种行为可增加你的物质利益（且你对此知情），你的这一行为就是非理性的。这一定义将价值判断排除在外。

那么再来看一条较宽泛的定义。

> **定义二：**假如就某人所知，他/她所采取的某项行为为其带来的益处（或福利）没有其他行为可以比拟，该项行为即是理性的。

根据定义二，对个人决定的评价并不取决于其所获得的物质回报，而取决于“益处”或“福利”。由于这两个概念多少有些模糊，在这条定义中也可指心理层面上的补偿，而不仅仅是物质利益。根据这一定义，我们可以将拒绝投资烟草公司股份的行为理解为理性行为，因为你所感到的良心不安在个人福利方面造成的损失要高于股价上升带来的收益。这样一来，不买股票对你更好。

定义二的范围要大于定义一。根据定义二，利他主义行为也可算作理性行为，因为利他主义行为所带来的心理满足感有鼓舞人心的作用，可以抵消随之而来的物质损失。问题在于，该定义的范围过于宽泛。理论上讲，根据定义二，任何行为均可算作理性行为，因为心理益处存在主观性。假如某人认为把自己泡在机油里有益心理健康，那么根据该定义，这样做就是理性行为。

不过，我们需要一条可将此类行为划分为非理性行为的定义，故请容我提出第三条定义，我称之为“进化论定义”。

定义三：假如根据行为发生时的主要情况，某人所采取的行为为其带来的进化优势没有其他行为可以比拟，该项行为即是理性的。

定义三将个人采取某项行为所得到的心理或物质利益考虑在内，以此判断这项行为理性与否。理性行为须通过提高行为主体的进化生存能力，带给其实质性（但未必直接的）利益。例如，根据定义三和定义二，利他主义的布施行为均可算作理性行为，但二者的原因却不尽相同：定义二将利他主义行为划分为理性行为，是因为施与者能获得满足感（“心理补偿”）；定义三将此类行为划分为理性行为，是因为施与者从中获得了进化优势。在以互惠关系为根基的社会中，乐于助人者在其他场合也会获得他人的帮助，而自私自利者则会遭到排斥，生存机会也会因此减少。

进化论定义须视环境而定，但在很多情况下，相比于定义二，该定义能让我们对人类行为形成更深刻、更准确的认识。须注意，根据定义二，自杀或可算作理性行为。但根据进化论定义，自杀不算理性行为，因为自杀无法为个人带来进化优势。

此处不会提供情感的定义，纯粹是因为我在研究该课题时，前前后后见过几十个定义，但尚未找到一个尽如人意的。许多定义使用了“心理现象”这一说法，但这终归会形成循环定义[①]，因为对心理的定义无论如何避不开使用情感一词。

情感难以界定，这不足为奇。试想一下，有人让你跟外星人解释你左脚小趾疼与挚友去世时你所感到的深切悲痛有何区别，抑或吃比利时巧克力浆所获得的口舌之快与伴侣之间情意缠绵的感受有何区别。我们可以探讨反应时间的差距和出现可检测信号的不同身体部位，神经学家可以确定不同情感状态下大脑出现不同电刺激的部位，但无论是受到生理感受还是情感情绪的影响，这些差异均可被识别。

实际上，情感与生理感受之间的关联之密切，甚至要超出我们对此形成的初步认识。担忧或焦虑会引起胃部不适甚至腹泻，这是我们多数人都很熟悉的情况。从另一方面来讲，消化不良也可能是噩梦的成因。但肠道与大脑之间的关联不止于此，除大脑之外，胃是人体中唯一一处存在大量神经递质活动的器官，尤其是血清素活动（很多心理问题都和血清素失调有关，包括抑郁症）。消化系统利用血清素来处理营养成分，并将其送入肠道，而消化系统是唯一一个无须脑部活动参与即可自行运转的人体系统。脑科学家迈克尔·格申在纽约市哥伦比亚大学做过一次不可

① 循环定义：用A定义B，再用B定义A；或用A定义B，用B定义C，再用C定义A。——译者注

思议的实验：将一头猪的一部分肠道从其身体中分离出来，从肠道一端摄入的食物自动穿过肠道，从另一端排出，而将小剂量的抗抑郁药物百忧解注入肠道后，消化处理速度加快了一倍。

虽然我们的情感系统与消化系统之间存在着出人意料的联系和相似之处，能让诗人诗兴大发的却是恋爱或忧伤这样的情感，而非消化的感觉。原因在于，我们在令人动情的情境中经历的主观感受，本质上与纯身体感觉大相径庭。但即便是在经验层面，我们也无法找到可以区分情感与非情感类身体感觉之间的清晰界限，也无法在口头上将二者的区别描述清楚。情感之所以难以界定，还有另一个原因。

尽管我未能找到尽如人意、简明扼要的情感定义，感性行为与谋求物质利益的理性行为（参见定义一）之间却有着明晰的界限。人们多认为基于情感做出的行为是无意识的，而理性行为则要经过漫长复杂且通常耗时较久的认知过程。然而，我们会证明两个过程通常是同时进行的。

情感与认知思维及非情感的生理感觉还有两大不同之处。其一，情感留在我们记忆中的烙印比思想乃至生理感觉都更加深刻。我们回忆看过的电影时，屡屡发现电影情节乃至主题都已经被忘得一干二净，我们却清楚地记得自己喜不喜欢这部电影，或是电影看起来非常枯燥或令人烦闷。曾经遭人侮辱或担惊受怕的经历要比生理疼痛更容易记起，即便是钻心的疼痛。记起生理疼痛的同时，往往也会记起疼痛时所经历的情绪反应，如焦虑或抑郁。又或者，后者唤起了前者。

其二，认知/分析思维几乎完全可控（即我们可以决定何时开始或结束此类思维的进行），生理感觉（如疼痛）则几乎完全不受意识控制，而情感却介于两者之间。我们可以在某些条件下对情感施以一定程度的控制，但无法做到完全控制。我们可以在完全虚拟的情境中，通过外部的虚拟刺激（电影、戏剧、书籍）或回忆往事唤起情感。电影的主要类型均以情感类别划分（悬疑片、剧情片、喜剧片等[①]），这并非巧合，电影带给我们的情感要远远多于见识。

在接下来的章节中，我们所要探讨的问题是，究竟是如普遍观点所言，即时、强烈、灵活的情感机制会制约理性决策系统，还是两种机制相辅相成。

---

① 在英文中，悬疑片为suspense，亦有“焦虑”之意；剧情片为drama，亦有“激动”之意；喜剧片为comedy，亦有“幽默”之意。——译者注

第一部分

论愤怒与承诺

第一章

生气有何意义？

情感是建立承诺的机制

2008年秋，在斯坦福大学做完讲座后，我抽出一点时间，到悬崖边眺望旧金山北面的太平洋。

暮色中，我对着海面极目远望，绝美的自然风光让我内心充满憧憬之情。在我所站立的悬崖脚下，面朝大海的方向，正在举办一场小型婚礼。幸福的新婚夫妇面对牧师站在岸边，一小群宾客盛装出席。

我的思绪离开了蔚蓝的海水和被落日余晖层层浸染的天空，开始飘向我已经两周未见的妻儿。内心生起憧憬之情的同时，有幸拥有一个温馨恩爱的家庭让我欣慰，而离家万里这一点又让我对自己感到气恼。

两种情绪古怪地交织在一起。

为了强化这些感受，我紧紧抓住悬崖边的栏杆，探出身子，想更清楚地观看悬崖下的海湾与浓情厚谊的婚礼。突然间，我感到那细细的栏杆——防止我直接坠入身下深渊的唯一障碍物——晃了起来。刹那间，我的感伤之情被强烈的恐惧取代，吓得我立刻离开了栏杆。这种恐惧很可能救了我一命，而此前的憧憬之情也可能导致我后来做出了一个选择：为改善婚姻质量而减少出差时间。

情感是协助我们进行决策的机制。在我们的进化过程中，其出现、成形与发展均以增加我们的生存概率为目的。假如我所倚靠的栏杆开始晃动的时候，我没有感到恐惧，我很可能会继续把身子探出去。最终，栏杆一散架，我就会掉下去，摔死在悬崖下。或者，假如我摔下悬崖却侥幸活了下来，但心无悔意，这种教训或许就无法被铭记在心里。同理，若无迁怒于人的能力，我们会变得容易被人利用，争夺稀缺资源的能力也会受到削弱。

除情感机制之外，决策过程能有另一重要机制——进行理性分析的能力——的协助也是人类之福。从某个角度来讲，悬崖边的栏杆开始摇晃时，我心里出现的恐惧感是多余的。假如我认真计算过栏杆能承受的体重上限、悬崖高度和从悬崖顶上摔下的全部后果，我根本就不会去倚靠这个栏杆。但在此情况之下，我的情感机制反应迅速，效率要千倍于理性机制慢条斯理的审时度势。单凭理性救我的命，很可能太慢而来不及。

恐惧、悲伤和悔恨等情感可定义为自发性情感。与之相对，愤怒、嫉妒、仇恨和共情等情感则是社会性情感，根据定义，这些情感是互动性的。我们对他人感到愤怒或共情，却对自己参与的行为或局面感到悔恨。诚然，我们会对他人感到恐惧（不过，恐惧的诱因多为他人针对我们可能做出的行为，而非此人本身），但没有他人参与，我们也会产生恐惧感。疾病、危险、失败和灾难本身都会引起强烈的恐惧感。

自发性情感与社会性情感之分对理解“理性情感”这一概念尤为重要。自发性情感影响自我的决策，而社会性情感对自我和他人的决策都会产生影响，由此可以引出情感结构中最重要的一环：建立承诺的能力。当然，承诺的对象既可以是自己，也可以是他人。承诺本身是社会学最重要的概念之一，这一概念广泛用于经济行为认识的研究中，尤其是有关讨价还价理论[1]和国际关系的研究。2005 年的诺贝尔经济学奖颁给了托马斯·谢林[2]，主要就是为了表彰他对承诺的研究。

承诺的概念源于这样一种看法：在冲突双方中，假如一方可以说服对方相信其一定要取得某种成果的决心，即便伤及自身也在所不辞，这一方即占有优势。具体而言，假如卖方可以说服买方相信他无意降低某件商品的要价，甚至不惜以交易泡汤为代价，

---

① 讨价还价理论，博弈论经济学中的重要理论。——译者注

② 托马斯·谢林，哈佛大学肯尼迪政府学院教授，在博弈论研究领域有杰出贡献，于 2005 年获得诺贝尔经济学奖。——译者注

卖方得逞的概率更高。即便买方认为交易泡汤对卖方造成的损失要大于降价出售，这一点仍然成立。在国际争端中，假如争端一方能说服另一方相信它对其要求绝不让步，并不惜以发生军事冲突为代价，这一方即占有优势。即便所谓的武装冲突此后并未发生，其优势也仍然成立，还有可能更甚。

承诺的关键原则是，做出承诺的一方须是真心愿意承受必要的牺牲，仅仅信口开河是不够的，真正的承诺很难弄虚作假。威胁若是容易捏造，就会变得司空见惯，也就没有人会当真。宗教信念催生的组织或国家——如基地组织和伊朗——之所以能大肆地攫权夺利即是因其能立下可信承诺[①]。愿为宗教信念牺牲社会福利乃至人民性命的决心是一种强大的力量，以让这些运动和国家手握重要的谈判筹码。

袭击罗马帝国的日耳曼人横渡莱茵河后，将身后的桥梁付之一炬，以此让敌人相信了他们的必胜诺言，此举的作用是宣布他们没有给自己留退路。[②]你我之辈无法用纵火焚烧桥梁来表明承诺，于是情感就成了我们在各类日常冲突中获得谈判筹码的重要

① 可信承诺与后文的可信威胁都是博弈论中的重要概念，可信性是指动态博弈中先行为的博弈方是否该相信后行为的博弈方会采取对自己有利或不利的行为，有利则为“承诺”，不利则为“威胁”。——译者注

② 此处应指日耳曼战争期间发生的事情。日耳曼战争指的是公元前 113 年至公元 476 年间罗马帝国与多个日耳曼部落发生的一系列冲突，并最终导致了西罗马帝国的灭亡。——译者注

手段。例如，怒形于色表明我们会对伤人或侮辱行为以牙还牙，甚至不惜以打架斗殴等伤己行为为代价。假如纯以理性方式行事，我们就无法如此轻易地震慑住对手了。

有个例子或许能说明理性情感的用处。假设你和家人在国外度假结束后，去机场等回程飞机，在距离预定登机时间还有半个小时的时候，你得知航班取消了。你别无选择，只能先去酒店，第二天再回机场。

现在设想有两个不同的情境。

第一个情境，你看到身边其他乘客默默接受了现状，准备有序地离开航站楼。于是，登机口关闭，航空公司为表歉意，愿意免费送你去你所选择的酒店。在此情境中，你不大可能会怒形于色，你的情感更有可能是失望和沮丧。

第二个情境，得知航班取消后不久，你遇见了原本打算乘同一航班的一个熟人。她告诉你，航班取消的通知一公布，她就直接去找了航空公司的代表，明确告诉他们她不打算乖乖接受航班取消的决定，要求他们立即解决问题，让她当天就能回家。结果是，你的朋友得意地说，航空公司立刻联系了另一家航空公司，为她预订了另一趟回程航班，一小时后起飞。

我认为在第二种情境中，你的情感状态会与第一种情境迥然不同。你血液中的肾上腺素会激增，等你走到航空公司代表的办公桌前，要求和你朋友有同等待遇时，你已经明显怒形于色了。

实际上，你不仅怒形于色，这种愤怒也是发自内心的，因为你有意无意地意识到愤怒有助于达成目标，这种意识在你内心点起了怒火。

第二种情境中的愤怒情绪让你可以发出可信威胁。如果在同航空公司代表交涉的过程中，你提出要是问题没有立刻解决，你会将航空公司告上法庭，你的情感状态很可能会增加这种威胁的可信度。毕竟，完全依理性推算行事之人不可能把时间和金钱耗费在这样的小案子上。相比之下，在第一种情境中，愤怒于事无补，所以你也不太可能产生愤怒情绪。

在第二种情境中，愤怒产生的过程是大脑负责认知的部分与负责情绪控制的边缘系统相互作用的惊人过程。这一过程发生在大脑的前额皮质，这一部位在大脑进化发展的晚期才出现，且其他动物几乎没有这一部位。

正面的情感也能展示承诺。爱或崇敬让我们得以表达出不惜付出沉重代价也要陪伴或帮助对方的意愿，进而影响对方对待我们的行为。若要帮助我们立下可信承诺，至少在某个细微层面上，情感须是可信的。有人可以将虚情假意“装”得十分可信，但根据统计，这种能力在普通大众中间是很罕见的。假如我们都能驾轻就熟地逢场作戏，也就没有理由再去认真对待他人的情感反应了，最终真实的情感反应也就失去了进化优势。有才华的舞台剧或电影演员演感情戏，主要靠的是调出他们内心真实的情感反应，他们的方法往往是回忆自己个人记忆中相吻合的情感经历。从某种意义上说，他们不是在表演，而是在重温往事。

我们的情感反应并非都建立在理性的基础上。实际上，很可能多数情感反应都没有建立在理性的基础上。在很多情况下，情感或会伤及我们自身，而在不自觉的情况下巧妙控制情感的能力是人类的一项奇妙特质。多数时候，运用理性情感无须具有高超的水平。实际上，儿童有时比大人更加游刃有余。在游戏场所摔跤而轻度擦伤的儿童看到自己的母亲很有可能哭出来，如果母亲不在场，他多半会自己站起来继续玩，他甚至可能会先忍着，等看到自己母亲再哭。即便是完全出于本能的情感，环境也会产生决定性的影响，某种情形——如听到钟表的嘀嗒声——可能有时（快放学的时候）引人振奋，有时（在候诊室等医生的时候）令人厌烦。对同一人，不同情况下我们有时产生共情或同情之心，有时则不屑一顾或怒气冲冲。

在议价或谈判中，利用理性情感与承诺是尤为常见的策略。愤怒、受辱以及共情等情感在日常的谈判中也都能找到，这些情感影响着谈判方的相对谈判能力。工会领袖公开声明管理层给出的薪酬低得简直看不起人，此举意在提高工会的谈判地位。然而，这种声明通常只是在耍嘴皮子，以达到在工会领袖及普通成员心中制造受辱感觉的目的。其效果是，工会暂要拒绝这一薪酬，若出尔反尔，会付出很高的代价，从而迫使管理层提高薪酬。

谈判技巧因人而异。谈判技巧存在差异，有时是因为产生及控制理性情感或识别他人情感的能力因人而异，顶尖商学院所采用的实用谈判技巧教材不胜枚举，均主张在谈判中要撇开几乎所有情感。对于这种观点，本人持保留意见。

在一项有趣的实验中，耶路撒冷希伯来大学心理学系的玛亚·塔密尔让受试者听不同的乐曲，有的乐曲有舒缓效果，有的则有刺激情绪甚至激怒听者的效果，从而让他们产生不同的情感状态。[1]

塔密尔将受试者分为两组，一组要单独完成谈判如何分一笔钱的任务，另一组则须合作完成一项集体任务。在开始任务之前，受试者须选择听一段乐曲。塔密尔发现，谈判分钱组的受试者选择刺激性音乐的比例要大幅高于另一组的相应比例。此外，在谈判分钱组内，选择听刺激性乐曲的受试者所取得的谈判成果要远远优于听舒缓音乐的受试者，前者拿走的钱也远远多于后者。

在谈判过程中，适度利用情感反应会令谈判者占有一定优势，但控制与调节情感的能力也非常重要。在很多谈判中，双方虽然可以达成互利协议，甚至都知道这样的协议唾手可得，最终却仍然谈崩了。这通常是因为一方（或双方）执着于（情感造成的）某项承诺，但对方无法接受。长期无果的以色列与巴勒斯坦和平谈判就是说明这一现象的绝佳例子：情感在谈判中占了上风，愤怒与猜忌的姿态过于深入人心，致使撮合双方达成适度妥协的所有尝试均徒劳无功。

至此，我们重点探讨了对他人的承诺。有意思的是，我们也会利用类似的机制对自己立下承诺。我们在当下做出某些举动，往往是因为这些举动在将来会对我们的行为产生影响。这方面的一个突出例子就是购买健身房会员卡——健身房会员卡价格高昂，让我们得以立下承诺，要让锻炼器材物尽其用。另一个例子是，很多人不由自主地频繁查看电子邮箱，工作专注度受到了影响，而一款热门的电脑应用程序让用户可以在预定时间内关闭访问邮箱的权限，用户一旦设置了邮箱关闭期，就无法再反悔。在整个关闭期截止之前，用户的任何操作都无法恢复邮箱访问权限。初看起来，这是一种极度非理性的行为：我们限制了自己的行动自由，自愿减少原有的选择权。但在上述例子中，我们之所以宁愿约束自己，减少自由度，是因为我们的长远需求与一时的需求往往南辕北辙（后者常被称为“诱惑”）。我们的长远需求是经常去健身房锻炼，保持最佳体态，而一时的需求往往是去最近的好餐馆大快朵颐，而非去健身房锻炼。通过自我承诺，我们可以在直面诱惑之前，增加满足一时需求必须付出的代价。

我们经常在不经意的情况下利用自我承诺。若下定决心节食减肥，我们或许会刻意避免去自助餐馆，只去仅限照单点菜的餐馆。若打算戒烟，我们会向朋友和熟人公开宣布这一消息，从而使得复吸行为付出惨重代价：半途而废的行为会尽人皆知，令我们颜面尽失。

自我承诺现象在经济学规范研究与实证研究中均占有重要的一席之地。这一现象为我们对金融储蓄的认识奠定了基础，因为有关金融储蓄的决定几乎都涉及自我承诺，毕竟对我们来说，不把钱留与遥远的将来，今朝有钱今朝花始终是个诱惑。

因此，愤怒与羞耻感在金融责任乃至世界事务中扮演着重要角色。近年来，债务危机拖垮了不少国家的经济，这一危机的根源或许就是个人及政府普遍缺乏自我承诺。假如这些人不那么精于算计，更感情用事一些，事情的结局或许要好很多。

第二章

我们为何会爱上虐待我们的人？

斯德哥尔摩综合征与纳粹教师的故事

1973 年 8 月 23 日，一伙劫匪冲进瑞典斯德哥尔摩市诺玛姆斯多格广场的一家信贷银行，并占领了银行。其后 5 天，几名银行职员被劫匪扣作人质，关在保险库里。劫匪最终向当局投降。之后发生了一件怪事，在媒体采访中，多数惨遭囚禁的银行职员都对劫持者表达了支持和同情，甚至有人愿意在随后的庭审中为劫匪充当品德证人[①]。

这些事件公布约一年之后，报业巨头威廉·伦道夫·赫斯特[②]的孙女帕特里夏·赫斯特被自称“共生解放军”(共生军)[③]的

① 品德证人，法庭中对涉讼一方的人格名誉做证的证人。——译者注

② 威廉·伦道夫·赫斯特（1863—1951），赫斯特国际集团创始人，他是新闻史上饱受争议的人物，被称为新闻界的“希特勒”“黄色新闻大王”，也是电影《公民凯恩》中主人公的原型。——译者注

③ 共生解放军，美国激进左翼组织，由唐纳德·德弗里兹于 1973 年创立，并活跃于 1973—1975 年，最后被洛杉矶警察局特种部队歼灭。——译者注

团伙绑架。共生军妄图实施一系列恐怖活动，以支持极端的左翼事业，其活动类似意大利的“红色旅”[①]和德国的“巴德尔–迈因霍夫红色旅”[②]。被囚禁两个月后，赫斯特加入了劫持者阵营，在媒体声明中宣布自己与家族断绝关系，加入共生军。其后不久，赫斯特与共生军其他成员卷入了一起抢劫银行未遂案件，并因此被捕。

从这两次事件以及其他一些事件中，心理学家及精神病学家发现了一种新的心理现象，即斯德哥尔摩综合征（或赫斯特综合征）。进化心理学研究者通常认为：斯德哥尔摩综合征是人类历史早期出现的行为现象。以下是对其起源的标准解释：在早期的狩猎采集社会中，各个部落相互之间要争夺有限的食物资源，这往往会引发部落冲突。在此情况之下，男性经常劫持敌对部落的女性成员。在物竞天择的原则下，能成功融入新部落的女性更占

---

① 红色旅，意大利极左翼军事组织，成立于1970年，主要创建者为特伦托大学社会学学生雷纳托·库乔。最初的成员为激进的左翼工人和学生，该组织声称其宗旨是对抗资产阶级，标志为一挺机关枪和一颗五角星，其最著名的行动之一是在1978年绑架并处决了意大利前总理阿尔多·莫罗。目前红色旅已发展成为“政治–军事共产党”，被意大利政府认定为恐怖组织，其成员遭到追捕。——译者注

② 巴德尔–迈因霍夫红色旅，德国左翼恐怖主义组织，由巴德尔与迈因霍夫等人创立，该组织主要活跃于1970—1998年，曾犯下34起谋杀案、多起银行盗窃案与爆炸袭击案，造成了34人死亡和无数人受伤。1977年，由于其猖獗的活动，联邦德国发生了大规模的社会危机，史称“德意志之秋”。——译者注

优势：她们能幸存下来，甚至为劫持者繁衍后代。无法在情感上认同劫持者的女性往往未能幸存，即便自己免于一死，也往往没有生育后代。

我认为这一解释并不尽如人意。首先，斯德哥尔摩综合征对男女都有影响。其次，该综合征的表现形式多种多样，相比之下，进化论的观点过于片面和狭隘。

斯德哥尔摩综合征只是另一种综合征最极端的表现。这种综合征更加普遍，所有人都或多或少地受其所累：在与权势人物的相处中，我们往往会对其产生正面情感。即便可能被这些权势高于自己的人加害，受到对方的不公对待，人们也往往会顽固不化地保持这种正面情感。改变境遇的机会越渺茫，人就越有可能对权势人物表达正面情感，而将自己受到的不公对待归咎于自己。这方面的例子不胜枚举：妇女遭到家暴，却拒绝离开有施虐倾向的丈夫；老板劣迹斑斑，却莫名其妙地得到了员工的谅解；重要客户盛气凌人，甚至目中无人，却无人追究。

我所指的情况并不包括我们完全自知地位低下，却明白怒形于色会适得其反，因而出于策略原因隐忍怒火。我所指的情况是，面对于己有害的人，仅仅因为对方处于权势位置，我们就一反常态地给予谅解，或完全忽略其行为。相比之下，对临时老板或无足轻重的客户，我们会迅速予以反击，除非反击的代价太高。

在很多情况下，权力分配对我们极为不利，情感机制就会与认知机制相互配合，调节受辱感与愤怒感。这是理性的情感行为，适当发挥作用，可增加我们的生存概率。然而，在极端情况下，如妇女遭遇家暴，这种行为模式也可能对我们贻害无穷。如有权势人物施以小恩小惠，情感机制也会放大我们的感激之情。我们会因此过于看重此类恩惠，毫无来由地相信权势人物拥有仁慈正派的品质。这就是警察审犯人时，唱红脸和唱白脸这种手段屡屡成功的秘诀所在——唱白脸的警察演完戏却没能让犯人认罪后，唱红脸的警察忽然以天使般的姿态出现，要么递咖啡，要么递烟，总是将犯人的最大利益放在心上。

这种小恩小惠即便是来自（或许尤其是因为来自）极其可怕的权势人物，也有一定的情感力量。我对此有所认识，是因为我父亲给我讲过一个故事。1932 年，我的父亲汉斯·温特就读于德国柯尼斯堡[①]的伊曼努尔·康德小学，是全校唯一一名犹太学生，他尤其清楚地记得他的历史老师格鲁勃博士。格鲁勃是虔诚的天主教徒，也是狂热的纳粹支持者，无视魏玛共和国[②]的课纲，

① 柯尼斯堡，现为俄罗斯加里宁格勒州首府加里宁格勒，曾是德国的文化中心，德国著名哲学家康德曾居住于此。——译者注

② 魏玛共和国，指 1918—1933 年采用共和宪政政体的德国，于德意志帝国在第一次世界大战中战败、霍亨索伦王朝崩溃后成立。由于这段时间施行的宪法（一般称为《魏玛宪法》）是在魏玛召开的国民议会上通过的，因此这个共和政府被称为魏玛共和，其使用的国号为“德意志帝国”。“魏玛共和国”这一称呼是后世历史学家的称呼，而非政府的官方用名。该政体因阿道夫·希特勒及纳粹党在 1933 年上台执政而结束。——译者注

自备内容存在恶意排犹、种族歧视倾向的教案，宣称德国是人类文明的摇篮，而犹太人是尼安德特人[①]的后裔。他很清楚汉斯是犹太人，时时幸灾乐祸地当着其他学生的面羞辱他。例如，有一次他把汉斯叫到教室前面，让他复述耶稣被钉死在十字架上的故事[②]。格鲁勃还完全无视魏玛政府严禁在学校举行政治集会的命令，在上课期间举行大规模的纳粹集会，并最终发展成家常便饭。汉斯在家里支支吾吾地提起了这件事，这险些让格鲁勃丢了饭碗。此后，他把汉斯叫到教室前面的次数减少了，但目光仍然时刻不离汉斯。

1933 年 2 月初，格鲁勃博士在学校组织了一场盛大的典礼，庆祝希特勒就任德国总理。前任政府对在学校举行政治活动的禁令一夜之间即遭废除。至当天早上 8 点，饰有"卐"字符的旗帜和横幅已经准备就绪。汉斯心惊胆战又愤愤不平，觉得参加这种活动不堪忍受，于是把手中的旗帜给了站在他身前的男孩，便从学校的游行地点匆匆逃走。他冲进了教学楼，想躲进卫生间，但迎面撞上了在卫生间里唱纳粹国歌的格鲁勃博士，他穿着笔挺的

---

① 尼安德特人，一群生存于旧石器时代的史前人类，其遗迹于 1856 年首先在德国尼安德特河谷被发现。尼安德特人究竟是独立物种还是智人的亚种一直没有定论，传统观点认为尼安德特人比人类低等，但这一观点在近年来受到了挑战。——译者注

② 耶稣因抨击犹太教，反对犹太教教规而遭犹太教当权者记恨。逾越节前夕，耶稣被犹大出卖，因拒绝抵抗而被捕，后被判刑，钉死在十字架上。——译者注

冲锋队[1]制服。

汉斯立刻转身，使出全身力气跑开。格鲁勃一边紧追不放，一边拉上他的裤子拉链。“汉斯·温特，停下！”格鲁勃声嘶力竭地咆哮道。

汉斯飞快地跑出校园，到了熙熙攘攘的城市街道，打算跑进离学校约800米的他叔叔开的小麦出口公司。他要是能赶在格鲁勃抓住他之前跑到公司办公室就能脱离危险，因为他的父亲很有可能在场。他父亲若是能看到格鲁勃的所作所为，一定能想办法让汉斯再也不用见到格鲁勃。

在2月，柯尼斯堡的气温经常处于零摄氏度以下。汉斯运气不佳，当天的街道结了一层厚厚的冰。在寒冷彻骨、滑溜溜的城市街道上慌手慌脚地跑了几分钟后，他的脚在冰上打滑了，摔在了人行道上，腿也摔伤了。这时，他已经能听到格鲁勃气喘吁吁地赶了上来。他相信不消几秒，人高马大的格鲁勃就会扑到他身上来，把他的脑袋按在冰上，让他没有办法还击。而且，也没有人会施以援手，阻止格鲁勃对他展开全面报复。

接下来发生的事对我父亲的性格产生了或好或坏的深远影响。在纳粹接管德国政权的那一年，尽管命运乖舛，却没有任何事件的影响可与之比拟。

---

① 冲锋队，德国纳粹党的武装组织，成立于1921年8月3日，因队员穿褐色制服、佩戴“卐”字袖标，又称褐衫军。——译者注

格鲁勃小心翼翼地走到汉斯身边，把他抱在怀里，柔声细语地说："汉斯，发生了什么事？让我看看你伤到哪里了。"格鲁勃仔细查看了他脚上的伤，然后扶着汉斯站起来，拍了拍他的脑袋，指了指附近的一间咖啡馆。格鲁勃给他买了一杯热茶和一碟巧克力蛋糕，汉斯隔着桌子满腹狐疑地看着他。

格鲁勃坐在那里，用手臂托着下巴，头与汉斯保持齐平。格鲁勃解释称，自己追赶他是想跟他和解，而无意伤害他。

"实际上，我想告诉你，作为教育工作者及你个人的老师，我认为自己对你在学校的健康快乐负有责任。没有人可以伤害你，无论是学生还是教师，谁都不行。答应我，要是有人想伤害你，你会告诉我。"

格鲁勃滔滔不绝了一番，强调既然阿道夫·希特勒已经成为德国元首，尊重、公正和礼貌自然会成为新纳粹德国的特质。一番夸夸其谈后，他从容地开始享用他为汉斯点的蛋糕。

这个故事我听父亲讲了许多遍，每每描述起咖啡馆的情景，他都会眼含泪光，声音哽咽。我的父亲有此反应，是因为他依稀记得在德国上学的最后一年受尽了苦头，还是因为一脸恶人相的格鲁勃把他吓得魂不附体？我认为两者都不是。我认为，我的父亲之所以有此反应，是因为他在最出人意料的场合、最出人意料的时间，在最出人意料的人那里，得到了善待。他显然将格鲁勃当作了英雄——实际上，也可以说是正义之士。

为什么性情乖戾的格鲁勃做了几分钟的谦谦君子，就能得到这般待遇？我一直不敢直接问父亲这个问题，显然格鲁勃性情乖张、行为可鄙，但正是因为这点，父亲才会多年来一直感念他。

我父亲的情感反应是斯德哥尔摩综合征的一种轻度表现。他所处的境况是，在纳粹刚刚开始掌权的那段人心惶惶的时期，一名地位在他之上的教师让他的生活苦不堪言。这名教师稍稍付出了一点代价，便得到了这名学生的感念，这是理性情感作用的结果，它保护了我父亲，让他得以熬过在德国最后几个月的艰难生活。某种情感在特定时间内或许是理性的，但这种情感会在我们的内心根深蒂固，乃至它失去保护作用后，还会继续存在数十年之久。

第三章

情感骗子、共情与埃兹拉舅舅的扑克脸

在很大程度上，理性情感的效果取决于他人识别情感的能力以及更加重要的一点——对方是否相信这些情感发自内心。在冗长的谈判过程中心生怨气，这谁也阻止不了。但假如我们只是在心里生闷气，对方没有察觉，这种情绪只能让我们自身受损，而不会构成谈判优势。佯装生气却立即被对方识破，这也不会为我们带来优势，却可能适得其反。

真实性才是关键所在。

某次，我教过的学生迈尔·迈舒拉姆和几位朋友一道去看另一位朋友，夜深之后，他们决定叫一份比萨。但比萨迟迟没有送来，几个年轻人坐在那里干等，越来越不耐烦。一个小伙子的父亲来了，泰然自若地问他们有没有打电话给比萨店催一催。小伙子们回答说打过电话了，但对方说比萨还没做好。

这名父亲决定让这些年轻人见识一下“怎样催人”。他立即亲自打电话给比萨店，先前泰然自若的气度瞬间消失，取而代之的是一副怒气冲冲的姿态。他对着电话大声呵斥，告诉电话另一端的人，要是比萨 5 分钟内不送到，这将是他家从这家比萨店订的最后一份比萨。乍看起来，他打电话时表现出来的怒气完全是在做戏，毕竟他几秒钟之前还是一副泰然自若的神态，但电话挂掉之后，其他人清清楚楚地听到他余怒未消地说了句：“这些浑蛋！”不到 15 分钟，比萨便安全送达了。

此处的重点是，即便出于策略原因，我们有时也可以有意识地调动真实情感。几年前，半岛新闻电视台为制作一档有关以色列科技与教育的节目采访了我。我记得自己很高兴能有机会在该电视台的阿拉伯观众面前为以色列博取一点同情。实际上，这是我接受采访的主要目的。

采访用了几个小时的时间。开始的问题和博弈论有关，接着则问到了理性研究中心的成功之路，我当时还是该中心的主任。然而，后来他们开始问一些较为私人的问题：我的父母出生在哪里？什么时候搬到了以色列？我儿时是否接触过巴勒斯坦历史？我情不自禁地夸口说我母亲的娘家已有六代人定居在耶路撒冷，也详细讲述了我父亲兄弟两人 1933 年被迫离开父母，逃离德国的故事。他们克服艰难险阻，穿越欧洲，抵达意大利的里雅斯特港，登上驶往巴勒斯坦的船只。我的父亲出身于德国一个富足的犹太家庭，而巴勒斯坦的环境与他童年所熟悉的环境大相径庭，他必须在陌生的环境里挣扎求生。最后我还提到，后来，他留在德国的亲人惨死在纳粹死亡集中营里，他得知这一消息后，遭受了巨大的心理创伤。

这段往事我此前对亲朋好友讲过许多次，我几乎没有出现过任何情感波动。但坐在半岛电视台的摄影机前，我却情难自已，怆然泪下。事后回想起来，我意识到自己是在无意中放大了自己的伤感情绪，以博得电视观众的同情。但这些都不是虚情假意，让我泪如雨下的悲痛之情完全是发自肺腑的。

最近，我和迈尔·迈舒拉姆在理性研究中心共同进行了一项实验室实验。[1] 在实验中，为了测试实验对象所承受的情感压力强度，我们将电极贴在受试者皮肤上，利用仪器从电极上收集数据，数据主要与脉搏和皮肤电导有关。

我们让受试者参与一种简单的双人博弈，即“独裁者博弈”。一名参与者会拿到一笔钱，假设为100美元，然后两人会得知，拿到钱的参与者可以选择分一部分给另一名参与者，也可以独吞这笔钱——决定权完全在前者手上，他想给多少就给多少。我们所关心的是博弈中处于被动一方的受试者有何情感反应。

受试者分为三组，每组的待遇均有不同。我们告诉第一组，仪器可以测试连接者的愤怒程度。第一组的受试者还知道，假如他们从独裁者一方手中分到的钱很少，他们可以获得补偿。此外，他们还得知，他们因独裁者一方分钱太少而感受到的愤怒程度会被仪器测试出来，我们发给他们的补偿金额与该数值成正比，愤怒值越高，他们拿到的钱越多。

我们给第二组的解释是，独裁者一方慷慨赠予令他们感到的幸福程度会被仪器测试出来。此外，他们还得知，能测试到幸福感就有奖励，奖励金额与幸福程度成正比。

第三组的奖励机制与前两组相似，奖励的依据是他们得知独裁者分配结果之后的平静程度。

图 1 展示了实验对象的情感反应。情感反应的测试手段既包括皮肤导电仪器，也包括调查问卷。调查问卷由间接问题组成。几十年来，在鉴定情感状态方面，这些问题一直行之有效。

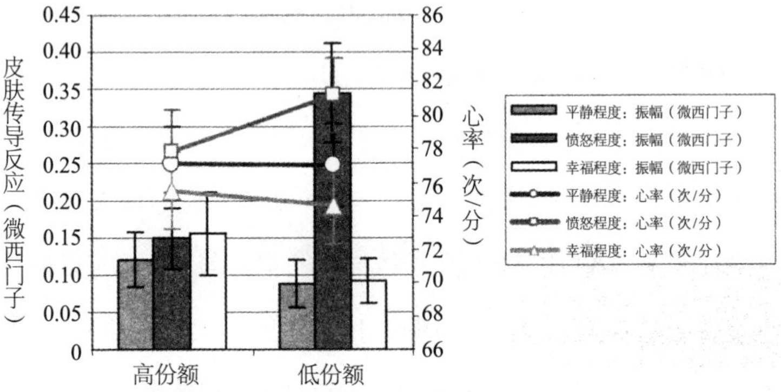

图 1　实验测试

如图 1 所示，受试者显然会对奖励做出反应。第一组受试者分得份额较低时，会表现出显而易见的愤怒情绪。而相比之下，参与者须表现出幸福感才可获得奖励时，分得份额较低也不会引起太强烈的愤怒情绪。耐人寻味的是，我们还发现，第二组受试者面对奖励产生幸福情绪的能力明显较弱。这一发现或许是因为皮肤电导仪器不易检测到幸福感，但也可能表明，人类按照需要对外表现愤怒情绪的能力要优于表现幸福感的能力。愤怒虽远不如幸福让人受用，却能更为有效地在社交场合中建立承诺。这或许进而可以表明，在进化过程中，大脑善于表露愤怒情绪的人受到了青睐，人类整体因此发展出了更强烈的愤怒倾向。

我们都拥有识别他人情感状态的能力，若无此能力，我们的社交能力就会大打折扣。若是看不出别人是否喜欢自己，我们的繁殖能力会大为受限。我们的生死存亡很大程度上取决于社交活动，因此若失去阅读他人情感的能力，连我们的肉身存活也会面临威胁。显然，早在人类认知能力进化的初期，从他人面部识别情感的能力就形成了。这一过程在杏仁核这一部位进行，杏仁核是大脑边缘（情感）系统的一部分，位于人类大脑最核心、最原始的部位。

20 世纪 90 年代，脑科学家安东尼奥·达马西奥及其同事以杏仁核受过损伤的人为主要研究对象，进行了几项研究。这些研究对象可以轻而易举地辨认人脸，将脸部照片与他们认识的人正确匹配，却完全无法识别面部表情，也无法将表情与情感状态匹配。

脑科学领域最有意思的发现之一与大脑的一个特定部位有关，即负责面部识别的梭状回。[2]面孔是我们用来向外界传达情感状态的终极工具。下次乘公交或在银行排队的时候，你可以试一试以下这个简单的实验：找一个没在看你的人盯着看，你会发现不消几秒，此人就会反过来盯着你看。我们对笑容的反应也非常不可思议，我们多数人都很善于识别假笑，假笑所调动的肌肉群与油然而生的笑容迥然不同。但与此同时，多数人却说不清为何假笑看起来有别于真笑。

最近在英国进行的一项有趣实验尤其清楚地证明了面部表情的巨大作用。实验人员将一台咖啡机放在了一间人满为患的办公室里，并在咖啡机上方挂牌提示倒咖啡须往旁边投币箱中投币，一杯咖啡一英镑。一周后，实验人员比对了从咖啡机倒出的咖啡杯数与投币箱收到的金额，不出所料地发现很多人无视提示牌，用了咖啡机而没有付款。

第二周，实验人员贴了一张印有一双眼睛的照片，这双眼睛直勾勾地盯着咖啡机的使用者。这一简单的改动产生了巨大的行为效应，一周后，投币箱中的金额已与咖啡机倒出的咖啡杯数相差无几。

为估算人类识别他人情感状态的能力，有研究者利用英国著名竞猜节目《平分或偷走》(*Split or Steal*)[①]进行了一项有趣的实验。在竞猜中，两名选手须回答一连串有关各种科目的问题。每答对一题，两名选手可获得一笔奖金。

答题轮结束后，两名选手需要决定累积奖金（奖金数额有时会达到10万英镑以上）如何分配。为此，两人须分别暗自进行二选一，“平分”或“偷走”。如两名选手均选择平分，累积奖金就会在两人之间平分。相反，如一名选手选择平分，一名选手选择偷走，选择偷走的选手即可独吞奖金，而另一名选手只能空手而归。如两名选手均选择偷走，则两名选手都会一无所获。在选择平分或偷走之前，选手会按指示进行30秒的面对面交谈，讨论自己打算作何选择。这个节目与著名的囚徒困境极为相似，本书会在后面的章节中对此现象进行详述。

假如你是《平分或偷走》的选手，单从金钱的角度来看，选择偷走始终对你有利。如果另一名选手选择平分，而你选择偷走，你能拿到双倍的奖金。相反，如果另一名选手也打算选择偷走，你不论怎么选都一无所获，这样一来，你或许情愿这名贪得无厌的前队友也空手而归。然而，荒诞的是，如果两名选手都深谙此理并依此行事，两人谁也拿不到奖金，齐心协力赢了10万英镑，

① 《平分或偷走》，实为英国竞猜节目《金球赛》最后一个环节的名称。该节目始播于2007年6月18日，不仅在观众中间大受欢迎，也引起了很多科学研究者的兴趣。当然，也有人批评该节目“鼓励欺骗行为”。——译者注

却只能白白放弃。

我强烈推荐各位去YouTube（世界知名的视频网站）上看一看这个竞猜节目的视频片段，搜节目名称《平分或偷走》即可找到。在两名选手的简短对话中，两人均想努力让对方相信，选偷走这种事他们想都没想过，因为这种行径会遭到数十万电视观众的唾骂，让他们背负难以洗刷的骂名。节目里有许多选手说这些话的时候信誓旦旦——几秒钟后，结果显示他们选择了“偷走”。

我在理性研究中心的同事艾娜芙·哈特提出的问题是，选手是否能提高识别他人心理状态的能力，从而提高预测对方选择的准确率。她给自愿参加实验的受试者播放了该节目的视频片段，要求每名受试者根据对话中所说的内容，预测其中一名选手的选择，猜对即可获得一笔现金奖励。做出预测后，受试者还须预测另一名选手的选择，但这次预测没有奖励。哈特证明，在有现金奖励的情况下，受试者的预测准确率明显较高。

这一结果与其他几项研究（多由心理学家主持）的结果相悖。后者的结论是，人类区分情感状态真假的能力并不可靠。但假如我们区分情感状态是真是假的能力确实没有办法提高，现金奖励理应不会有任何影响。提供现金奖励就能明显提高受试者做出准确预测的能力，这表明我们确实有识别真实情感的潜能。这种能力的发挥显然需要极高的专注度与注意力，只有在认为这样做会有收获的时候，我们才更愿意施展这种能力。此前的研究未能发现我们具备区分情感真假的能力，或许是因为参加研究的受试者获得的奖励不够高。与经济学家所做的实验——包括理性研究中心所做的实验——不同，心理学家往往不会在实验中使用现金奖励。

在实验室之外的现实世界，人们正确识别虚假情感会获得回报，识别错误也会受到惩罚（但回报未必是金钱）。因此，像哈特一样使用奖励对研究人类的情感识别能力非常重要。哈特的实验测试了节目观看者识别情感的能力，因而我们可以顺理成章地认为，节目中的选手会有更加敏锐的情感识别能力。

几年前，阿夫纳·卡莱在美国进行的实证研究也研究了这一话题。[3]美国有一档电视竞猜节目《是敌是友》(*Friend or Foe*)，与《平分或偷走》大同小异。卡莱研究的就是这一节目中的选手行为数据。在研究过程中，他观看了几年间的数百期节目，注意到了节目中四种可能结果的相对频率：（偷走/平分）、（平分/偷走）、（平分/平分）与（偷走/偷走）。

卡莱发现了两个非同寻常的现象。首先，两名选手同时做出同一选择的频率很高。换言之，（平分/平分）和（偷走/偷走）这样的选项经常出现，另两种情况则不常出现。第二项发现更加非同寻常，即选择平分的选手拿到的平均奖金金额与选择偷走的选手大致相等。（确切地说，此处指的是平均数。在任何一期节目中，两名选手只有在选择相同的情况下，才能拿到等额奖金。）

这似乎令人费解，毕竟我们才刚刚证明，另一名选手选平分的话，你选偷走拿到的奖金更多，而他要是选偷走，你选什么都无济于事。那为何在卡莱的研究中，选择两个选项的选手所得的平均奖金相差无几？答案很简单，你若是决定选偷走，就无法天衣无缝地瞒过你的队友。因此，他也选偷走的概率更高，你空手而归的概率也就更高。卡莱的研究表明，这一切的实际效果就是，两名选手往往会做出同样的决定，要么同选平分，要么同选偷走。在对话环节中，尽管两人理所当然地声称自己打定主意要选平分，他们的真实目的却是在对话过程中一边揣摩对方的心思，一边做出自己的决定。正因为人类有准确判断情感的本领，选手两两之间的选择才会趋于一致。如前文所示，这种本领在很多情况下都非常重要，但和人类的很多本领一样，这一天赋的高低也因人而异。几年前，一位知名律师联系我，想请我为其所代理的一家公司做博弈论方面的专家证人。该公司计划创建一家扑克游戏网站，严禁网络赌博的法律明令禁止运气决定胜负的游戏，但允许胜负主要由技巧决定的游戏存在。如果我能帮助他说服法官认定扑克是竞技游戏，而非运气的比拼，针对建立扑克网站的法律禁令即可解除，而我本人则可拿到一笔不菲的佣金。

我下意识地一口回绝，但这一决定或许有些感情用事，并不理性。事实上，扑克确实是竞技游戏，运气对孰胜孰负的影响相对较小。玩扑克的诀窍在于正确判断对手的情感状态。

我小的时候，每次放假，我们全家和母亲七个兄弟姐妹的全家人都会去外婆家吃饭。餐后，家里的男士会去阳台打扑克，我们小孩子会津津有味地看他们打牌。最初，我们会对当天谁赢得多谁输得多下注打赌，但我们很快就发现打赌毫无意义：埃兹拉舅舅几乎次次都赢，而我父亲次次都输。

虽然易手的钱财不多，但牌局却引得大家剑拔弩张，全情投入。一局牌结束之后，玩家要么大声欢呼，要么骂骂咧咧。打牌期间，鸦雀无声，连小孩子都在屏息凝神。

我父亲几乎目不旁顾，他全神贯注于手中的牌，时刻在判断哪张牌该打，哪张牌该弃，赌注加多少，什么时候亮牌。他紧张地在椅子上挪来挪去，手指不断地敲打桌面，等待对手出招。相比之下，埃兹拉舅舅总是镇定自若，不动声色。他几乎从来不看手中的牌，而是盯着我父亲，仿佛在好奇地观察他的一举一动。

有时，我父亲想学埃兹拉舅舅那一套，却没办法像埃兹拉舅舅一样冷静自持、面无表情地隐藏自己的喜怒，也一直看不懂埃兹拉舅舅的面部肌肉，无法从中判断出他的牌面。埃兹拉舅舅的牌技远胜于我父亲，是因为他能识别出他人的情感状态，也能将自己的情感隐藏起来。

世界石头剪刀布协会每年都会举办一届国际赛事，500 多名选手慕名参加，竞逐高达 10 000 美元的奖金。我们多数人都认为，玩石头剪刀布这个游戏完全是在碰运气，但有人总是赢，其决定因素也是识别和隐藏意图的能力。

社交场合远比打牌或石头剪刀布复杂。在社交场合中，要想识别他人意图，需要具备更加高超的情感领悟力，且这种能力与共情的能力息息相关。

共情，即感受他人情感体验的能力，对象甚至包括我们并不熟悉的陌生人（以及电影、小说等作品中的虚构人物），这种奇特的现象在进化过程中源远流长。2004 年，一项在意大利进行的有趣研究表明，灵长类动物一出生就会模仿其他灵长类动物的行为，而无须漫长的学习过程。[4]这种能力可追溯到大脑中负责模仿行为的“镜像细胞”，镜像细胞即在行为过程（尤其是运动行为）中会发出电活动的神经元。有意思的是，看到另一个体做出同样的行为，也会在相同的镜像细胞内触发电活动。例如，黑猩猩抬起左臂的行为是由神经元的电活动引起的。在其中某些神经元中，这只黑猩猩在没有抬左臂也无此意图的情况下，看到另一只黑猩猩抬起左臂也会触发完全相同的电活动。

科学家对灵长类动物的大脑所进行的研究实验尺度太大，无法在人类身上进行。①接入灵长类动物大脑的电极可以检测到小至单个细胞的电活动。可证明镜像细胞存在的实验证据虽然都较

① 神经元插入电极需要开颅。——译者注

为间接，但仍然很有说服力。这些证据主要基于功能性磁共振成像，这种技术可显示出大脑不同区域所增加的耗氧量。功能性磁共振成像的图像表明，人做出某项运动行为时，某些大脑区域会显示出活动迹象，而看到其他人做出同样行为时，这些区域也处于活跃状态。

脑科学家已达成广泛共识，认为共情正是镜像细胞活动的结果，但与负责肢体动作的运动镜像细胞不同，共情是由情感镜像细胞引起的。2009 年，利用功能性磁共振成像技术进行的一项调查研究表明，儿童在观看他人遭受痛苦的影片时，有活跃迹象的大脑区域与他们本人承受这种痛苦时的大脑活跃区域相同。在成人身上进行的研究也发现，受试者看到他人处于悲痛或恐惧状态的照片时，大脑活动也会出现类似现象。

共情能力涉及哲学及心理学常用的一个重要概念——心智理论。心智理论并非科学理论，而是指人类对他人的情感状态、信念和意图形成看法的能力。人们认为心智理论是人类有别于其他生物的一项重要特征，从小至 2 岁的孩童身上即可发现这种特征。在一间屋子里，2 岁孩童会将目光转向身边人都在看的物件。

心智理论水平在 3~4 岁时会显著提高。该年龄段的儿童往往可以区分自己所知之事与他人所知之事。愿意的话，你可以找一名 4 岁儿童做以下实验。准备两个颜色不同的盒子——如一红一黄——和一块糖，在该名儿童及另一名成人面前将糖放进红盒子，然后让成人离开房间。成人离开后，当着儿童的面，将糖从红盒子里移到黄盒子里。然后，再把成人请进来，让儿童猜那名成人会认为糖在哪个盒子里。如果儿童回答正确，指向了红盒子，其心智理论就处于正常水平。患有孤独症谱系障碍[①]的儿童由于心智理论发展受到抑制，再长大几岁也可能无法通过该测试。

我计划在近期与几名精神病学研究者合作开展一个研究项目，以期借助博弈论增进我们对心智理论的认识。借助最后通牒博弈与信任博弈（后面章节会有详述）等博弈形式，我们或许可以鉴定出哪些儿童患有轻度心智理论习得障碍或轻度孤独症谱系障碍，却仍然成功通过了标准测试。共情能力与心智理论相互关联，因为二者均以换位思考的能力为基础。

暂时闭上双眼，想象自己认知能力不变，但心智理论尽失，你会发现这种情景令人战栗——实际上，缺乏共情能力与心智理论正是孤独症谱系障碍的常见症状，有此障碍的患者在日常生活中面临的许多困难都根源于此。在这种状态下，虽然对周遭环境有充分认识、一清二楚，你却仿佛置身于另一个星球，星球上居住的都是外星人，他们的行为与反应奇异叵测。你根本摸不准

① 孤独症谱系障碍，是根据典型孤独症（自闭症）的核心症状进行扩展定义的广泛意义上的孤独症，既包括典型孤独症，也包括不典型孤独症、阿斯伯格综合征、孤独症边缘、孤独症疑似、孤独症倾向、发育迟缓等。——译者注

挠左耳这一举动是否会严重冒犯到他们，引来气势汹汹的回击。你不知道如何博得他们的信任，让他们帮你寻找食物。即便他们怀着善意接近你，你也不知道他们究竟是想和平以待，还是妄图袭击你。你自然也无法与他们中的任何人形成亲密关系或生育后代。

一个人假笑要调动哪些肌肉，你无法分辨。同理，无论打牌、谈判，还是约会，用逻辑来辨别他人的情感状态，进而推测其意图，都是痴人说梦。察言观色并做出投其所好的回应，这毋庸置疑是情感层面的能力，同时也是做出正确决策所必不可少的数据：亮牌还是加注，让步妥协还是坚持立场，觉得对方会送上香吻一枚还是会迎面一个巴掌。我们的情感将观点与事实融会贯通，换作其他方式，我们根本做不到这点。

第四章

博弈论、情感与道德金律[①]

囚徒困境或许是各类社科文献中遭到最多滥用的悖论。但无论是不是专业研究人员，但凡不小心中招落入其圈套的人，都会为之着迷。在等式中引入理性情感是否能帮助我们走出困境?

让我们来简要回顾一下囚徒困境的基本理论。两名银行抢劫嫌犯被逮捕，但警方的证据不足，若两人均不肯招供，警方将别无选择，只能释放他们。

两名嫌犯被分别关在两间单人牢房里，审讯的警察将两人轮流叫到审讯室，向他们提出以下方案：如果两人中有一人招供，

---

① 道德金律，即互惠伦理。这一术语的使用可追溯至 17 世纪的欧洲，指的是《马太福音》第七章第十二节和《路加福音》第六章第三十一节的论述，即“你们愿意人怎样待你，你们也要怎样待人”。这一金律几乎是世界通用的，因为许多国家的思想文化中都出现过类似的概念，如孔子的“己所不欲，勿施于人”。——译者注

另一人拒绝招供，招供的人会被释放，而拒绝招供的人会被判处5年监禁；如果两人都招供，则两人都会被判刑，但因坦白从宽，会酌情减刑，只会被判处4年监禁；如果两人都不招供，警方则无法控告他们有罪，只能控告他们在追捕过程中有危险驾驶行为，判处一个月的监禁。

两名嫌犯须分别决定对此方案作何答复，但没有机会以任何方式同关在不同牢房的另一名嫌犯沟通。那么，嫌犯是否会招供?

设身处地站在一名嫌犯的立场上思考，你会马上发现无论对犯罪同伙的选择有何判断，招供始终符合你的最佳利益：如果对方招供，你也招供，你的刑期可以减少一年（从5年减到4年）；如果对方拒绝招供，你招供就能立即得到释放，获得自由。

然而，这一结论自相矛盾：若两名嫌犯都从理性和自私的角度思考，认为自己应该认罪，两人都会被判处4年监禁；如果两人都拒绝招供，他们的境遇会好得多，只需服刑短短一个月。

囚徒困境并非打发时间的智力游戏，而是博弈论的一个核心概念。博弈论本质上就是对交互决策的研究。“博弈”作为专业术语，意即一人的行为会影响另一人处境的任何情况。经济竞争、国与国的暴力冲突乃至家庭内部的互动都可以利用博弈论来建立模型。

社会科学研究者往往将囚徒困境称为社会困境博弈，因其言简意赅地描述了各种各样的社会与经济情况，包括环境污染、偷税漏税、逃避兵役，乃至在银行插队。在以上所有案例中，从单个个体的角度考虑，都存在一项更加可取的行为。然而，假如所有（或退一步讲，大多数）参与者都做出这一行为，所有人都会深受其害。那么，在现实世界中，我们应如何解决此类困境？既然无法强制人们合作，人们又为何会选择合作？

针对这一问题，罗伯特·奥曼在一系列研究论文中给出了答案，凭借这些论文，他获得了 2005 年诺贝尔经济学奖（当年的诺贝尔经济学奖由奥曼与谢林共同获得）。[1] 囚徒困境的社会变异往往是“重复博弈”，即同一种互动情景在同一组参与者之间多次重复进行。由于是重复进行，选择自私而为或会造成不小的损失：人们会记得你过往的行径。因此，自私而为的参与者（如在典型的囚徒困境中选择招供的人）再次遇到同样的情形时，其他参与者可能会伺机报复，从而也选择只符合其一己私利的行为（如自己选择招供）。

奥曼建立了重复博弈的数学模型，证明了在重复博弈的情形中，经过理性思考而达成合作是有可能的。（奥曼的理论本身值得充分讨论，下一章会予以详述。）然而，根据我本人的研究，还有另一种可能的答案。[2] 理解这一答案，需要先介绍一下博弈论的核心概念之一：纳什均衡——这一理论以 1994 年的诺贝尔经济学奖获得者约翰·纳什命名。纳什作为电影《美丽心灵》[①] 的主角原型而

---

① 《美丽心灵》，约翰·纳什的传记片，改编自同名传记，由好莱坞演员罗素·克劳主演，上映于 2001 年，并获得 2002 年奥斯卡金像奖最佳影片与最佳导演奖。——译者注

闻名世界，其萌生均衡概念的灵感是在20世纪50年代初。纳什均衡最终成为极为重要的概念，广泛用于社会科学领域。

为解释纳什均衡所蕴含的思想，我们要重点探讨涉及两名参与者的博弈：每名参与者均有多项行为（或策略）可以采取，从可选行为中选择一项行为，所选行为决定着两人的收益。如两名参与者所选的行为均为另一人所选行为的“最佳回应”，均衡即形成。换言之，两名参与者若选择其他行为，收益不会增加。

试举一个更为具体的例子，设想一种名为两性之争的博弈：你和你的伴侣需要决定今晚去哪里过。

选项有两个，一是去看芭蕾舞剧，一是去看拳击比赛。不巧的是，对于如何选择，你和你的伴侣存在很大分歧：你坚决要在晚上看芭蕾舞，而你的伴侣却不肯放弃欣赏一场精彩拳击比赛的机会。

多番协商无果后，你们决定通过以下方式确定选哪个。你们两人各拿一张纸条，在上面写下“芭蕾”或“拳击”，不能看对方写了什么，也不能和对方讨论这件事。7点整，你们将纸条交给邻居布朗先生，布朗先生随后会大声宣读纸条上的内容：如果两人针对晚上的活动写下了同样的内容，你们就要一起参加这项活动；假如你们写了不同的活动，你们两人都只能留在家里，错过晚上出去玩的机会。现在假设你们每人都将自己首选的活动估价为200美元，次选的活动估价为100美元，留在家里是最差的选择，可估价为 0 美元。在这一博弈中，怎样才算均衡状态？

只有两人都写“芭蕾”或两人都写“拳击”，均衡状态才可形成。如果两人固执己见，都写了自己的首选活动，你们只能双双留在家里。由此可见，改善境况的唯一方式就是一人做出让步，同意参加自己的次选活动，但这正是该例中的“圈套”所在：假如你和你的伴侣都决定委曲求全，成全对方的喜好，你们也只能留在家里（请记住，你们不能和对方讨论写什么）。

这对夫妻能增加选择同一活动，从而确保晚上能出去的概率吗？当然可以！例如，拳击迷可以在餐桌上放一只拳击手套，明确暗示对方自己不计后果，绝不会让步放弃自己的首选活动。这或许能让芭蕾迷明白，除非他想在家过夜，否则就别无选择，只能同意妻子的选择，从而增加他在纸条上写“拳击比赛”的概率。

另外，丈夫或许想先发制人，在客厅里放柴可夫斯基的《天鹅湖》，暗示他无论如何也会坚持选择芭蕾，从而增加妻子态度软化，顺从他在纸条上写“芭蕾”的概率。

在无法直接同对方沟通的情况下，这对夫妻确有可能通过此类暗示，来增加在两性之争的博弈中达成均衡状态的概率。但这与情感有何关系？

实际上，情感就是一种信号传递机制，让我们得以在日常参与的各类博弈中协调行动，达成均衡。情感还可以帮助我们建立新的均衡状态，这种均衡在纯粹的思维与理性世界中是不存在的。

在很多情况下，情感可以通过这种机制改善我们的社会境遇。

为理解这一重要观点，让我们回到囚徒困境这一理论，证明即便博弈只进行一次，情感也可以建立起合作性均衡。为此，我们描述囚徒困境的方式略有不同。

假设你和一个素不相识的人参加一项实验。首先，你们每人分到 100 美元。然后，你们要在两种可能行为中二选一："拿走"或"分享"（你们两人在做出选择之前，没有机会讨论如何选择）。如果你们一人选择拿走，一人选择分享，选择分享的人须将 100 美元全部送给选择拿走的人。如果你们两人都选择拿走，则每人须返还 50 美元给实验人员。最后，如果你们两人都选择分享，实验人员会给每个人再发 50 美元，你们每人可以拿走 150 美元。

请注意，这种博弈与前一章提及的《平分或偷走》节目有相似之处。二者相同之处在于，如果你所在乎的仅仅是拿到最高的现金奖励，你无论如何都应该选拿走。无论另一名参与者如何选择，你选拿走得到的钱都更多。

下面在博弈中加入情感因素。假设在游戏中，除了获得金钱回报之外，对你来说有价值的还包括，一方面要做一个正人君子，另一方面也不能"任人蒙骗"。如果你选择拿走，而另一名参与者选择分享，你会因为自己的贪得无厌感到惭愧。这种羞耻感存在负价值，我们姑且将其描述为相当于损失掉 100 美元。相反，如果你选择分享，而另一名参与者选择拿走，你会感到恼羞成怒。姑且可以说，这种情绪也相当于损失 100 美元。如果你们两人都选择拿走或都选择分享，你的情感反应则是不喜不悲。

现在假设另一名参与者在上述情况中也会产生完全相同的情感反应，且这些反应附带的金钱价值完全一致，对此博弈的分析则会出现显著变化。选择拿走，原本最高可得 200 美元现金，现在则变成了 100 美元，因为你可以说羞耻感会造成损失。新的价值低于选择分享的所得，意即你最理想的情况就是拿到 150 美元。因此，两名参与者同时选择分享成了新的均衡模式，即最有可能出现的情况是双方都选择合作，而非自私而为。

简而言之，这说明在这一等式中，情感——甚至包括愤怒和羞耻等消极情感——的存在可以提高两名参与者的最终所得。然而，这一解释并不完整。我想证明，上例中描述的情感并不是随机挑选的，而且实际上，这些情感切合有此情感之人最狭隘的物质利益。

假设有情感反应的参与者也能较为准确地预测到他人的情感反应。接下来，假设囚徒困境博弈中有一名参与者是个没有感情的人，凡事皆做最冷漠无情的思考，一心只谋求拿到最多的金钱收益，而另一名参与者有着前文所述的正常情感反应（及情感预测能力）。请试想一下，这种情况会造成什么样的结局。姑且将铁石心肠、精于算计的参与者称为“头脑先生”，而另一名参与者则为“情感先生”。

头脑先生自然会选择拿走，因为他不知羞耻。但情感先生很可能明白自己面对的是头脑先生，进而推断出头脑先生会选拿走。在此情况之下，如果情感先生选择分享，他会承受双重损失：一是他在博弈开始时拿到的100美元会被收回，二是他会觉得自己受到了羞辱，相当于再次损失了100美元，合计损失200美元。反之，如果他选择拿走，他只会损失50美元。情感先生因此认定，他也应该选拿走，这样他和头脑先生各得到50美元。这与两名参与者都有感情的情况截然相反。上文已证明，后者可达到两人皆得150美元的均衡状态。结论是，情感行为有其益处：在这一简单的例子中，情感反应能在金钱方面构成正面优势。

该例来自我所建立的一个数学模型，该模型归纳了纳什均衡的概念。该模型表明，在许多类似囚徒困境的博弈中，合作的主要动机是追求互惠互利的情感需求。例如，在别人都慷慨相赠的情况下，自己因表现出贪欲而产生了羞耻感，或者别人贪得无厌时，自己会感到羞愤交加，这两种情感共同组成了道德金律，亦称互惠伦理。

道德金律在宗教典籍中受到了大肆宣扬，所有小学生都要习得此道，以此种手段来保护他人的情感，即某些事虽然有悖于你的个人私欲，你却仍然要义不容辞。但这些实验表明，道德金律也是满足一己私利的重要手段。

第五章

重复互动中的囚徒困境

利刃出鞘是否能促进世界合作？

自发性、自动回应和反应迅速是情感反应最重要的特征。实际上，在很多情况下，反应敏捷正是情感反应优于深思熟虑之处。看到蛇在草丛中爬行就会本能地闪躲，这让我们免于潜在的危险，远比对形势做认知分析有效。

我们的社会性反应具有快速性和自动性的特点。事实证明，这两点至关重要。本章将说明情感行为如何在理性行为失效的情况下促成合作。吊诡的是，原因正在于其自动性。

我们将重新审视囚徒困境，但这次的重点是参与者在同一种博弈中多次对垒的情况。意即，参与者需要考虑长期的策略谋划。

前一章指出，在单次囚徒困境中，理性、自私的个体不会合作，因为不合作符合所谓的“优势策略”——无论另一名参与者作何选择，这一策略均可确保所得收益更高。接下来，请设想这种博弈连续进行两轮会出现什么情况。在这两轮博弈中，每名参与者每轮均须决定是合作（“分享”）还是不合作（“拿走”）。两轮博弈结束后，参与者所获得的收益总额即为两轮博弈的所得总和。

为了分析该重复博弈中的理性行为，我们首先着重分析一下第二轮博弈。在第二轮，原本的囚徒困境相当于只进行一轮——既然没有下一轮，这一轮的行为就不会受到惩罚或奖励。因此，其策略分析等同于单次囚徒困境的分析。对此，前文得出的结论是，唯一的理性行为就是两名参与者均不合作。

既然已经知道理性的参与者在第二轮中会作何选择，我们即可尝试预测参与者在第一轮博弈中会有何表现。参与者在第一轮的行为对第二轮博弈的所得毫无影响，因此第一轮实际上也相当于单次博弈。在第一轮，参与者也会双双选择不合作。

不难看出，只要两名参与者知道博弈究竟进行多少轮，同样的逻辑就适用于任意轮次的重复博弈，一轮、三轮还是十万轮均无差别。具体而言，若两名参与者知道双方进行的是最后一轮博弈，则无论此前的轮次是何状况，均不存在理性的原因会让他们选择合作。但也由此可见，在倒数第二轮中，他们也不会合作。以此类推。这种推理名为归纳论证，常用于博弈论分析。

须注意，这一论证的前提是，两名参与者在最后一轮选择不合作。但假如参与者不知道哪一轮是最后一轮，即便真到了最后一轮也不知情，情况会如何？实际上，人类交往大多是这种情况。例如，你同普通汽车修理工、公司同事乃至配偶之间的交往，你基本上从不知道未来还会与他们有多少次交集，这理所当然地引出了以下问题：假设参与者不知道重复博弈何时进行到最后一轮，对其理性行为应如何预测？

罗伯特·奥曼解答了这一至关重要的问题，这堪称他对博弈论做出的最重要贡献之一。奥曼利用数学模型，证明了在此种情形下，即便参与者是理性的，合作也可能达成均衡状态，这一模型及奥曼的验算有着奥妙之极的结构。原原本本地对其进行详细解释需对形式数学有较深的造诣，而这超出了本书的范围。因此，姑且让我尝试用较为浅显的语言予以解释。

试想你处于重复进行的囚徒困境中，每一轮过后，你都有99%的概率会再次和同一名对手重新进行同样的博弈，只有1%的概率再也不会见到此人。这一描述有些不切实际——很可能夸大了你在较长时期内与任何人产生交集的次数，但这却有助于描述多数互动的短视思维。因此，这一异议暂且搁置。

我们需要思考一下这种情况下的“策略”为何意。在单次博弈中，策略即指是否合作的决定。在重复博弈中，策略的概念则要复杂得多。实际上，这种策略指的是一长串决定，每次决定的内容就是根据此前轮次的博弈情况选择要采取的行动。以下是这种策略的一个例子：第700轮之前，无论对手怎么选，我都选择合作；从第 700 轮开始，一旦对手选择不合作，我就会在其后两轮也选不合作，以牙还牙。

如果你觉得这一策略看起来十分复杂，我的回答是，这实际上已经是非常简单的策略了——须注意，我在两句话之内便将其描述完毕。有些策略繁复之极，单是把前几轮写下来，整座图书馆的纸（包括卫生间的纸）也不够用。然而，最复杂的策略往往也是最乏味的策略。实际上，本章要描述的两个策略简单明了，却很有意思。

> **冷酷触发策略：**在第一轮，我会选择“分享”，且只要对方也选“分享”，我会一直这样选下去。然而，如果对方在某一轮选了“拿走”（即便对方只选过这一次拿走），这之后的每一轮，我都会一直选“拿走”。
>
> **针锋相对策略：**每一轮，我的选择都和对手上一轮的选择相同。

两名理性参与者（唯一的目的就是谋求个人的物质利益）如均使用冷酷触发策略，会一直处于双方均选合作（即均选“分享”）的均衡态势。对此的解释相当简单，首先请注意，两名参与者都使用冷酷触发策略的话，他们在第一轮就会选合作。二者知道对方选了合作后，在这一策略的指导下，第二轮会再次双双选择合作，同理第三轮也会选合作，以此类推。每一轮，双方选择合作，每人的总奖金都会增加 50%。

只要对方坚持使用冷酷触发策略，两人选择其他任何策略都无法增加所得。诚然，如果一名参与者在某一轮选择“拿走”，而另一名参与者仍然使用冷酷触发策略，则选择“拿走”的参与者本轮可得 100 美元，比他选择“分享”的所得多 50 美元。但这样一来，他会触发对方的“惩罚措施”：在其后每一轮中（此后还有许多轮），对方无论如何都会坚定不移地选“拿走”，他每轮都会少拿 50 美元，而不是多拿 50 美元。须注意，这种情况下稳定的合作态势之所以能够形成，是因为不合作行为一旦出现，会立即招来对方的报复，让对方也选择不合作，从而对不合作行为形成有效的震慑。

***

在瑞典斯德哥尔摩市发表诺贝尔奖获奖感言时，罗伯特·奥曼谈到了一个博弈论观点，内容与前几章提出的观点大同小异。他甚至断言，这一观点阐述了几乎所有国际冲突的本质，包括巴以冲突。其观点是，为预防流血冲突，人类需利用强硬战略建立威慑机制，如美国和苏联在冷战时期采取的战略。该观点认为，唯有强大的威慑力才能防止人们在种种诱因之下诉诸武力冲突。

奥曼参加诺贝尔奖颁奖典礼后不久，几名媒体评论员联系了我，请我对此观点做出回应。我认为，虽然奥曼提出的观点奥妙之极，我也找不出哪个人拿诺贝尔奖能比他更实至名归，但这一领域那些天衣无缝的数据计算结果与适用于国际冲突的具体结论之间鲜有直接联系。威慑本身就是一种缺乏稳定性的局势，以此作为维护和平、预防流血冲突的基础并不可靠——任何风吹草动都可能激活“冷酷触发”。虽然理论模型表明，在建立威慑的情况下，合作可构成均衡态势，但一旦均衡态势被打破，和平与合作所仰仗的庞大体系就会轰然倒塌，因为构成威慑力的威胁因素很可能会引发全球规模的灾难。（美国和苏联在冷战期间经常相互挑衅威胁。试想一下，假如两国真的言出必行，会发生什么事？）

仅有威慑力还不够，除了以威胁为基础的威慑政策之外，我们还需构建体系，对双方进行正面诱导，如共同的经济利益可成为国际关系中的另一大稳定因素。与之同理的是，调动个人的积极性，要用恩威并施的措施。

奥曼在诺贝尔奖获奖感言中提出的某些观点招来了某些人的异议，这些人的行为远比我过火。一群以色列左翼分子正式向诺贝尔委员会发出申请，以奥曼的政见和他从科学研究中得出的政治教训为由，要求撤销颁给他的诺贝尔奖。这让我火冒三丈（这可能是非理性的情感反应）。假如对科学的管制不能偏离严格的政治正确路线，行业翘楚获奖与否仅以政见为依据，人类发展会停留在黑暗时代[①]，止步不前。

针锋相对策略力度不及冷酷触发策略，但仍然能确保均衡状态的形成。针锋相对策略也会惩罚一方的不合作行为，但在此情况下，对不合作行为的惩罚仅限一轮，比冷酷触发策略的惩罚措施更加宽松。如果不合作者其后一轮重新选择合作，惩罚即告终止，双方会重新回到每轮都相互合作的态势。

事实证明，针锋相对策略会促成合作均衡态势的形成。两名参与者单方面选择不合作，都不会有好处。如果一方在几轮内选择不合作，然后重新选择合作，此后的博弈会重新回到合作路线上，但在此之前，其暂时不合作的行为造成的损失要大于所得。（得出这一结论须稍加计算，但各位愿意的话，可以自己试一试。一方仅有一轮选择不合作，会发生什么状况？他在这一轮的所得为多少？其后的损失又为多少？）

在我们目前所探讨的重复互动中，每一轮过后，双方都认为博弈继续下一轮的概率很高。其他情形会是什么状况？请思考两个具体例子。假设你要在西班牙马拉加市度假一周。假期第一天，你走进一家餐馆，对餐馆的美食赞不绝口，于是决定之后的整个假期每天都去那里吃饭。你每次在餐馆入座，都是同一名服务生

---

① 黑暗时代，指欧洲中世纪前期。——译者注

招待你。在这种情况下，你与这名服务生的交往实际上相当于重复 6 轮的囚徒困境（说 6 轮是因为假期还剩 6 天）。

合作，即服务生为你提供周到的服务，而你多付小费予以酬谢，在这种情形中至关重要。须注意，在假期的每一天——除了最后一天，你都认为再次遇到这名服务生的概率很高。然而，在最后一天，你会认为在可预见的未来再也不会回到这家餐馆的概率很高，因为这是你假期的最后一天，机票早已订妥，第二天你就得重新上班了。

冷酷触发策略能确保假期每一天都形成合作均衡吗？显然不能（此处仍然采取理性思维，唯一目的仅为从自私角度出发，最大程度地优化自己的物质条件）。即便服务生以为你会在这个城市长住，归期未定，也不可能确保你假期的每一天都能维持合作状态。原因很简单，在假期最后一天，（从自私角度来讲）你毫无理由付小费给服务生。你第二天回到同一家餐馆的概率微乎其微（航班可能会取消，所以我们姑且假设，这种概率虽然很低，但也不是不存在）。由此可见，如果你没有付小费就扬长而去，服务生在将来能以服务不周的方式惩罚你的概率微乎其微。

如果这名服务生足够理性、聪明且“自私而现实”，他会明白，即便他的服务无微不至，也总有一天你会不给小费就离开餐馆。仅这一点，或许就可以让他失去必须每天都待你周到的动力：他明白无误地知道，总有一天没有小费可拿，只是不知道这一天究竟什么时候到来。

这样描述马拉加的度假者与本地服务生之间的奇特关系，或许看起来有些夸大其词，但实际上，这种情况的出现频率或许远高于各位的认知。众所周知，人们在经常光顾的本地餐馆所付的小费往往要多于偶然发现且以后不大可能再度光顾的外国餐馆，以本地居民为常客的餐馆所提供的服务也往往要优于敲游客竹杠的地方。

尽管如此，我们仍然经常付小费，即便付小费不会为我们带来任何实惠。我们为何要这样做？我们为何没有见缝插针地自私而为，抓住每一次利用“最后一天效应”的机会？（实际上，有人喜欢在假期最后一天多给小费，以对几天来享受到的周到服务表示感谢。）

不足为奇的是，答案在于我们的情感。请记住，在现实世界中，我们反反复复、不止一次地经历类似囚徒困境的情形。为了便于理解这一观点，请容许我介绍一下自动机的概念。

计算机科学家发明了自动机，但这一概念却广泛用于经济学和博弈论的诸多模型。我对其研究的绵薄贡献是，我认为尽管自动机指的是机器，情感也可以说利用了自动机的原理。

自动机的定义由（且仅由）以下部分组成：

1. 一组状态。

2. 一组行为。

3. 结果函数：通过指定的一对状态与行为生成一种新的状态。

4. 行为函数：将每种状态与行为进行匹配。

5. 初始状态。

可复印一百张的复印机就是自动机的一个绝佳例子。

其状态组包括从 0 到 100 的所有整数（即 101 种状态）。

其行为组包括两种行为，即“复印”和“停止”。

其结果函数接受任意状态 x（从 0 到 100），如行为为“复印”，则返回状态 $x+1$。如行为为“停止”，函数则返回状态 x，即状态不变。

如状态小于 100，则其行为函数返回“复印”，状态为 100，则返回“停止”。

其初始状态为 0。

可见，从定义方式来看，自动机从状态 0 开始，再到状态 1，其后是状态 2，以此类推。在每种状态下，自动机都会复印一份文件，直到状态 100 为止。（如果这样描述让你想起了计算机程序，这样想是很有道理的，自动机本质上就是简单的计算机程序。）

你或许以为自动机（和计算机）与情感动物截然相反，但二者至少有一点是相似的：如条件已知，二者皆可预测。如果我对所处情况会做出情感反应，且受到侮辱就会拔出刀子，则可以说我的行为仅可用两种状态描述：（1）我受到了侮辱；（2）我没有受到侮辱。在（且仅在）我受到侮辱的情况下，我的行为函数会让我拔出刀子。实际上，我就是一台自动机，甚至算不上是多复杂的自动机。

相反，假如我是个完全理性的人，我的行为会变得更为复杂。仅仅是受到侮辱或许并不足以让我拔出刀子。或许只有在我受到侮辱且相信侮辱我的人事后无法在法庭上证明我确实对他拔刀相向过的情况下，我才会这么做。无法证明我有用刀情形这种次级情况，本身又可以分为许多其他次级情况（都有谁在场且可以做证，是否有监控录像可成为庭审证据，等等）。可见，描述理性之人的行为需用到多种状态，数量远多于描述感性之人的行为所需的状态。因此，用自动机为理性行为建立模型的难度也要大得多。（请记住，情感利于建立承诺——在受到侮辱或感到愤怒的情况下，我们理会是否有犯罪目击者在场这种细节的可能性较低。）

因此，理性反应与情感反应的关键区别在于，后者受条件的影响较少。这并不是说感性之人对侮辱行为做出的回应一成不变，而是说理性之人的反应受事件条件的影响较多。（与之相通的一点是，理性思考与较高程度的自制力有关。）

情感“自动机”的说法听起来较为贴近现实生活，不是吗？对上文的“拔刀子”例子，你或许会感到有些费解。毕竟，拔刀相向不可能促成有益的合作。非也，导致拔刀相向的情感行为是促成合作的积极因素。更加确切且不夸张地说，可以这样解释：适度的报复行为可以成为促成合作的积极因素。优柔寡断、心慈手软的情感行为不会促成合作，而且会导致各谋其利，因为在任何行为都会得到宽恕的世界里，人人都存在损人利己的动机。

假设你以如下的自动机状态参与博弈：

1. 代表你情感状态的状态组：要么愤怒，要么平静。

2. 行为组则为“合作”或“不合作”。

3. 结果函数接受前一轮的对手所选择的行为，并确定你在本轮的状态：如对手选择“合作”，你本轮则处于平静状态；如对手选择“不合作”，你本轮则处于愤怒状态。

4. 行为函数参考你的状态，按如下方式确定你选择的行为：处于平静状态则选择“合作”，处于愤怒状态则选择“不合作”。

5. 你的初始状态是“平静”。

如果两名参与者均处于上述的自动机状态，他们无疑会在每一轮博弈中都选择合作。这是因为，二者最初均处于平静状态，因此都会选择合作，进而继续保持平静状态。以此类推，二者永远不会进入愤怒状态。

我们需要确定一名参与者若以不同的自动机状态行事，是否能增加所得（假设其对手仍处于上述自动机状态）。例如，我们可以假设一名参与者无论发生何事，永远处于愤怒状态，或永远处于平静状态。

要想增加所得，即便是一时的所得，“偏离”这一模式的参与者均至少有一轮选择“不合作”，从而得到200美元，而非150美元（因对手会选择“合作”）。但这一行为却会对其后几轮博弈产生影响。这名偏离者选择“不合作”之后，其对手会处于愤怒状态，从而在下一轮选择“不合作”。如果偏离者在这一轮选择“合作”，其所得即为0美元，而非150美元。因此，其损失要大于偏离一次的所得。如继续选择“不合作”，在其后几轮，偏离者每次这样选都会损失100美元（相对于他一直选“合作”的所得）。

偏离者增加所得的唯一机会就是其行为对未来毫无影响的情况，即博弈中不存在未来的情况，也即博弈的最后一轮。但如果偏离者是只有两个状态的自动机，其状态完全取决于对手的行为（意即他会表现出情感行为），其行为就不取决于博弈进行到了哪一轮。我们的结论是，感性的参与者若行为方式有异于上述自动机状态，所得总额不会增加。由此可见，合作可在每一轮形成均衡状态。

这里的有趣之处在于，在此情况下，两名感性参与者在均衡状态下每人的所得都要多于两名理性参与者在同类博弈中的所得。从这个角度看，在重复的囚徒困境博弈中，即便双方明确知道博弈会进行多少轮，情感行为也更有利于保持合作状态。

接下来回到西班牙服务生与你为什么给他小费的话题上来。在你与服务生的交往中，你们两人的行为方式均类似只有两个行为选项的自动机：对你来说，是“给小费”和“不给小费”；对服务生来说，则是“服务周到”和“服务不周”。每一天，你们每人均由以下情感状态之一所控制：“愤怒”和“高兴”。状态则取决于对方的近期行为。你得到周到的服务就会高兴，服务生则是得到小费才会高兴。最后，高兴的状态会让你给小费，让服务生提供周到的服务。这一切表明，在这种互动方式下，日期（即是否假期为最后一天）毫无影响。你和服务生只是自动机而已，模式单一，无法将日期计算在内。如果你也像我们许多人一样，是情感自动机，你会按照当天的服务质量给小费，而他会按照你上一次就餐留下的小费数额为你提供相应质量的服务。当天是你在西班牙的最后一天这一点并无影响，你只会惩罚服务不周的行为。

如果你觉得这一说法有辱于你，大可不必。你的神志和智力正常，知道当天日期，也知道那是不是你在西班牙度假的最后一天，但你的情感状态阻止你将这一信息与是否给小费的决定联系起来。

假如你们中的一人——比如你自己——是个完全理性（且自私）的人，而对方如上所述是个情感自动机，情况会如何？你仍然会每天都给服务生小费，唯有最后一天例外。不给小费，第二天你就会得到不周到的服务，但第二天你人已经不在了。但假如你们两人都是完全理性的人，服务生会料想到你在最后一天不会给小费，因此本来就会服务不周。如前文所述，在囚徒困境的状况下，你们的合作行为注定会失败。在整个假期的每一天，你都不会给小费，也只能得到恶劣的服务。

本章所有分析所得出的主要观点相当出人意料：有利于合作形成并最终让双方从交往中得益而归的，是简单明了的模式，而非深奥玄妙的机制。

第六章

论正直、侮辱和报复

为何软蛋不会产生厌恶感？

1994 年，赖茵哈德·泽尔滕因其对博弈论的贡献荣获诺贝尔经济学奖，同年获奖的还有约翰·纳什。[①]泽尔滕提出了一种动态均衡概念，认为博弈参与者会像象棋或跳棋选手走一步算多步一样做前瞻性的思考。

1982 年，泽尔滕的学生维尔纳·古斯做了一项简单的实验，即最后通牒博弈。[1]在该博弈中，两名参与者须在两人之间分一笔钱，假设为 100 美元，规则如下：第一名参与者从 100 美元中分一部分给第二名参与者（从一分不给到 100 美元全部让出，他可以自由选择）。如果第二名参与者接受了这笔钱，这 100 美元即按这一分法分给双方。如果这一分法遭到拒绝，实验人员即收

① 1994 年诺贝尔经济学奖得主共有三位，除文中提到的两位之外，还有约翰·海萨尼，海萨尼同样因其对博弈论的贡献而获奖。——译者注

回这 100 美元，双方均空手而归。实际上，第一名参与者提出的分法相当于“毫无还价余地”的最后通牒，该博弈的名字即由此而来。

两名自私而理性的参与者进行博弈，会同意提议方得 99 美元、应答方仅得 1 美元的分法。既然博弈只进行一轮，只要不是一分不得，应答方就应选择接受，因为 1 美元也聊胜于无。提议方对此心知肚明，所以应该尽量少给，即只给 1 美元。

这就是泽尔滕的均衡模型对博弈情形做出的预测。但泽尔滕（我有幸与其共事过两年）不仅是一名伟大的科学家，也是一位在学术上求真务实的人。凭借这一均衡概念，他蜚声国际，并最终荣获诺贝尔奖，但他本人却不满足于此。泽尔滕料到最后通牒博弈在实际进行的过程中，得出的分钱结果往往会与其均衡概念大相径庭。

古斯的实验在德国进行，有众多参与者。这一实验表明，在多数情况下，钱在双方之间是五五分的。另外，第一名参与者分出的份额若不超过 35%，多数都会被应答方拒绝。换言之，只要拒绝的行为能让提议方自己拿 65 美元的贪心落空，应答方往往宁愿放弃白拿 35 美元的机会。

古斯这些著名的实验成果一经发表，就有数百篇文章写到了最后通牒博弈。经济学、工商管理学、政治学、心理学、人类学、哲学界的研究者都对这一话题著书立说。不少调查研究对比了不同文化背景的参与者在最后通牒博弈中的表现，包括非洲部落和亚马孙河流域与世隔绝的部落。2007 年，德国马克斯–普朗克研究所的一个研究小组甚至发表文章，探讨了黑猩猩在最后通牒博弈中有何表现。[2]（为避免有人觉得不可思议，以下描述其实验方式：两只黑猩猩分别坐在单独的笼子里，面前摆着一台有两对盘子的仪器。其中一对是两只黑猩猩各得 5 根香蕉；另一对则是黑猩猩甲得 9 根香蕉，而黑猩猩乙仅得 1 根。通过仪器，黑猩猩甲可以将其所选择的一对盘子拉向自己，但这些盘子只能拉到一半。要想吃到香蕉，黑猩猩乙必须同意这一选择，拉完另一半。）

在与正统博弈论风马牛不相及的领域，最后通牒博弈也引起了关注，因为它所研究的是所有社会科学领域一个基本而又相当重要的问题：个人是自私且理性的，这一假设的适用性究竟有多广？须谨记，在经济学和许多社会科学领域，这一假设构成了多数理论模型的基础。

有人研究不同形式的最后通牒博弈，以深入了解提议方的逻辑与应答方的逻辑有何不同。提议方提出五五分可能是出于为人公平、正直的愿望，也可能是害怕分钱太少会遭到应答方拒绝。为确定提议方的真实动机，研究人员提出要研究此前提到的独裁者博弈中的行为，而非最后通牒博弈。在独裁者博弈中，第二名参与者必须接受第一名参与者的提议，即便分得的钱低到有失颜面的程度，也无权以回绝掉自己和第一名参与者任何酬金的方式施以报复。

在最后通牒博弈中提出五五分的参与者，若在独裁者博弈中提出了同样的分法，我们便可推断其首要动机是为人公正的愿望，因为在独裁者博弈中，第二名参与者无权惩罚第一名参与者。相反，如果他们在独裁者博弈中行为大变，分钱很少，则显然说明他们在最后通牒博弈中提出五五分的首要动机是害怕分钱太少会引起第二名参与者的报复行为，从而落得一分不得的下场，而非想要为人公正。参与者既参加最后通牒博弈又参加独裁者博弈的实验得出的结果表明，在最后通牒博弈中，参与者的行为是非常理性的：参与者懂得如何预测对手的反应，在不致引起对方反对的情况下，找出能得手的最低份额，从而实现利益最大化。

对比不同文化背景的人在最后通牒博弈中的行为，得出了许多重要观点。一篇就此话题公开发表的研究论文对比了美国人、日本人、斯洛文尼亚人和以色列人在最后通牒博弈中的表现。[3]该研究发现，无论是提议方还是应答方的参与者，不同文化之间都存在巨大差异：以色列人提出的分钱份额往往是最低的；日本人与以色列人差距不大，提议方提出的分钱份额之低紧随其后排在第二；斯洛文尼亚人和美国人提出的份额则要高出许多。

然而，这一跨文化的比较研究所得出的最难以置信的结果，还要属提议份额与所得答复之间的高度相关性。在以色列和日本，应答方往往会接受较低的份额。但在美国，提议方提出同样——甚至较高——的份额，却往往会被应答方一口回绝。

从这一实验中，我们得出的结论是，怎样才算公正的标准是相对的，且因文化而异。同样份额的提议，日本人或以色列人认为很公正，美国人却可能觉得低到令人发指。反之，美国人认为很正常的提议，以色列人却可能会觉得过高（甚至是“软蛋的提议”）。两种文化都认为不公平的提议几乎一定会遭到拒绝。即便是以色列人——在这一博弈中作为接受分钱一方姿态最低的群体——也往往会拒绝低于20%的提议，但其接受门槛要低于美国人。

提议方“神奇地”了解在其文化中何谓公正，并能提出应答方可能接受的最低份额。其行为非常符合人性自私且理性的假设。如第五章所述，这种阅读公平信号的能力是理性情感的一大重要优点，这省去了不必要的分歧，避免了浪费时间。

几年前，我和同事舒穆埃尔·查米尔针对环境变化中的最后通牒博弈进行了一项实验，并发表论文，介绍了实验成果。[4] 在稳定、单一的社会中，公平的标准也相对稳定，一成不变。但在不同文化背景的移民与国民相互融合的多变社会中，公平的标准却是在相互了解、不断适应的过程中形成的。在这种情况下，标准改变的速度往往超乎我们的想象。为了解此类变化，我们在实验室里召集了许多参与者，每名参与者均须重复参加最后通牒博弈，每次都要面对不同的对手。与人类对手交手约10次后，实验中的部分参与者须对阵虚拟对手——我们设计的计算机程序。

虚拟参与者分为两种。A型虚拟参与者的设置是，作为提议方提出的份额极低，为13%~16%，而作为应答方则接受所有高于16%的份额。B型虚拟参与者的设置是，作为提议方提出的份额偏高，为45%~50%，而作为应答方则只接受高于45%的份额。

在此次实验中，一组人类参与者在与人类对手交手10次后，被安排与A型虚拟参与者对阵，而另一组也以类似方式与B型虚拟参与者对阵，但人类参与者并不知道其对手在中途换成了计算机程序。

这一实验在以色列进行。在实验的第一阶段，人类参与者两两对阵10次，其行为与以色列通用的公平标准相符——最常见的提议为略低于40%。但与虚拟参与者对阵10~15次后，两组参与者接受了不同的公平标准。对阵A型虚拟参与者的人提出的份额为20%~40%，而对阵B型虚拟参与者的人提出的份额从不低于50%。

在两种不同力量的压力下，参与者迅速接受了新标准。与作为提议方的A型虚拟参与者对阵时，作为应答方的人类参与者面对份额极低的提议，最初是拒绝的。然而，几轮过后，他们被迫接受这些提议，因为一味拒绝意味着他们从实验中拿到手的酬金会少之又少。作为提议方，与A型虚拟参与者对阵的人类参与者提出的份额低得令人发指，可低到17%。他们诧异地发现这些提议均得到了接受，这诱使他们用越来越低的份额试探对方。最终，他们所提出的份额多数都下滑到了极低的水平。对阵B型虚拟参与者的人类参与者身上也发现了类似但反向的变化。连仅比50%稍低的提议都遭到了拒绝，参与者“吃到教训”后，只敢提出平分的方案。

我们从这一实验中得出的结论是，公平的标准十分脆弱。但凡我认为份额低到有失颜面的提议我一概拒绝，但一旦发现我得到的所有提议几乎都低到有失颜面，我就会很容易放弃坚定的立场。实际上，这样的提议几乎本身也会变得不再有失颜面。

在最后通牒博弈中，提议方的行为与人性自私且理性的假设相符。然而，应答方的行为却仍然令人费解。既然博弈只进行一轮，且双方再也无缘相见，处于接受或拒绝提议位置的一方为什么会仅仅因为对方提出的份额低到有失颜面而选择放弃所得？罗伯特·奥曼对“行为理性”和“原则理性”做出区分，从而给出了一个很有意思的答案。根据这一理论，我们可用的认知资源有限，因此会采用简单的行为原则。这些原则适用于我们遇到的多数社交情形，却无法一劳永逸。换言之，我们没有对社交中的所有细枝末节都谋划清楚，而是认准一个尚可的方案，一以贯之。

在最后通牒博弈中，应答方面对提议所使用的经验原则可概括为“绝不能看起来像软蛋”。由于我们在生活中遇到的多数重要社交情形都是重复互动的，所以坚持这一原则行之有效。在重复互动中，愿意接受低份额的姿态很可能会诱使其他人在下一次打交道时占我们便宜。原则理性往往受情感的影响，尤其是所谓的理性情感。报复或惩罚的欲望、屈辱感与荣誉感均为塑造理想原则的基本机制。这些原则可用于日常互动中，这些互动与最后通牒博弈十分相似。

近来，神经经济学得出的一项重要成果佐证了这一理论。神经经济学是一门新兴的经济学研究学科，主要研究人们在经济决策过程中所进行的大脑活动。[5]近年来，经济学界和心理学界的研究人员越来越多地利用大脑磁共振成像技术了解决策过程中的大脑活动。通过测试耗氧量，任意时刻所用到的具体大脑区域均可被识别。

在一项研究中，功能性磁共振成像仪测试了受试者在最后通牒博弈中处于应答一方时不同大脑区域的相对活跃度。研究人员发现，遇到份额过低的提议，与厌恶感和呕吐反射有关的大脑区域会活跃起来。有种机制保护我们在重复互动中免于被盘剥，面对有失颜面的提议，伴随我们的反应而产生的厌恶感或许正是这种机制的一部分。

简言之，人们会因不公行为而感到恶心，这所言非虚。毕竟，我们难道真的想摆道理说服自己逆来顺受吗？

第二部分

论信任与慷慨

第七章

论偏见与信任博弈

蜜蜂为何自杀？

1997 年，华盛顿的两名研究人员菲利普·基弗与斯蒂芬·南克在一份主流经济学期刊上发表了一项研究，研究的目的是调查人们对陌生人的信任程度。[1] 他们邀请来自数十个国家的数千人就他们对不熟之人的信任程度打分，包括汽车修理工、初级保健医生、负责公共服务的政府官员。研究中，一项很有意思的发现是，人们对陌生人的信任度与其所住国家的GDP（国内生产总值）密切相关。[2] 对陌生人信任度高的国家，GDP也相应较高。该研究并未表明信任度与经济发展之间存在直接的因果关系，但后续的调查研究——其中有些研究用到了实验室实验——揭示了二者相关的深层原因，这些原因非常可信。

信任是人际合作的助推器，合作进而又推动了经济发展与社会福利。信誉是培养信任的行为特征，一个社会缺乏信誉，信任也就难以为继。反之，正如缺乏信誉会导致信任难以维系，缺乏信任最终也会导致信誉毁于一旦。假如社会环境中几乎不存在信任，信誉的建立或维系也就丧失了意义。在此情况下，为人自私、不可靠反而更有利于你，社会与国家也或处于以下两种均衡状态之一：

一是"良性"均衡，即人与人相互信任，在他人面前为人可靠，善于合作（证明自己值得信任）。

二是"恶性"均衡，即人与人互不信任，行事毫无守信可靠的觉悟，使得信任的缺失变得理所当然。

即便没有实验数据，也不难猜到究竟哪种均衡有益于经济发展。

这些均衡究竟是在随机过程中形成，还是由初始条件决定，经济学家对此问题意见相左。如果是随机形成的，今天的安哥拉与瑞士之间的差异则源于历史上的随机事件，这些事件导致安哥拉陷入了恶性均衡，而瑞士却处于良性均衡。根据这一观点，历史颠倒的概率是同等存在的，安哥拉社会曾有可能发展成如今的瑞士，而如今的瑞士人也可能过着安哥拉人的生活。意见相反的人认为，某些初始条件（如气候、自然资源优势、某种文化融合等）决定了哪些国家有幸走向良性均衡，哪些国家会陷入恶性均衡。

当然，如果社会可以从一种均衡状态转换到另一种均衡状态

（但愿是从恶性到良性），上述问题就无关紧要了。对此——所谓的“趋同”[①]——经济学研究者中间存在着立场更加鲜明的分歧。趋同理论的支持者显然生性乐观，认为假以时日，安哥拉一定可以转入良性循环，从而让国民享受到与瑞士同等的生活水平。反对者则认为，这种均衡具有“遍历性”[②]或“同化性”，意即从一种均衡状态向另一种均衡状态的转换难以实现（因为恶性均衡会“同化”变革因素，不会遭到颠覆）。从良性均衡转变为恶性均衡的情况不难想象：粮食或水资源短缺、疫情暴发、政府垮台——以上任何事件均有可能导致一个国家的社会秩序崩溃。但似乎从恶性循环转变为良性循环却特别困难。例如，假设有人让你在另外三个人的帮助下，将一个大箱子从你朋友家的一间屋子搬到另一间，由于箱子很沉，必须四个人用尽全力才搬得动。这件东西几次搬不起来后，再想搬就很难了。你们每人都有可能对其他人出多少力、是否相信这件事干得成心存疑虑。要想成功，须经多番讨论，因为一旦猜疑形成，你们四人就需要改变行为，才能转变到更适宜的均衡状态。如果在某个时刻，你们齐心协力把箱子搬了起来，你们便进入了良性均衡。但这种新的均衡状态

① 趋同，亦称收敛，最初为数学用语，意即一个数列收敛于某个值。在经济学研究中，该词指的是地区间或国家间的收入差距随着时间的推移存在着缩小的趋势。——译者注

② 遍历性，指统计结果在时间和空间上的统一性，表现为时间均值等于空间均值。——译者注

相当脆弱，只要有一个人改变行为（稍微偷一点懒），箱子就会掉落，信任就会瓦解。

就趋同理论争执不下的两个阵营虽然都运用了艰深复杂的数学模型，但这一问题仍无定论。

在某些方面，经济学研究有别于自然科学研究。许多当代经济学研究都是使用了数学模型的理论研究，这种理论研究与物理学的理论研究不无相似之处，后者也会用到数学模型。但差异在于，决定物理学的理论假说真实与否的最终检验是支撑理论的实验数据，而很多经济学理论根本没有经过实验论证便得到了广泛的认可。在很多情况下，证明某项理论真伪的实验结果根本无从获得。一千年后，安哥拉的生活水平会与瑞士齐平，支持这种说法的理论究竟如何才能利用实验工具确定真伪？

尽管如此，这种理论研究在经济学领域仍然非常重要。人类行为错综复杂，难以用数学模型精确描述。相反，这种模型的作用往往是阐释某种主张或观点，而这些主张或观点不用模型也可以叙述出来。物理学模型是这门科学的精髓，而经济学模型仅仅是工具。有些复杂的经济学模型可以演示出垄断企业的利润为何高于处于竞争性市场的企业。这些模型提供了许多重要思路，包括与政策制定相关的思路，却远远未到放之四海而皆准的地步，当然也无法满足预测经济的目的。

20 世纪 90 年代，三名美国经济学研究者为研究人们愿对他人寄予的信任度与信誉度，提出使用一种适用于实验室研究的简单博弈，即信任博弈。[3]信任博弈有两名参与者，第一名参与者（提议方）首先拿到一笔钱，假设为 100 美元。这名参与者可以独吞这笔钱，也可以自愿分一部分给第二名参与者（接受方）。提议方每分给接受方 1 美元，实验人员都会在此基础上再发给接受方 2 美元。例如，如果提议方（从原本的 100 美元中）分 20 美元给接受方，接受方则会拿到 60 美元（所分得数额的 3 倍）。此时，接受方可以选择将手中的钱分一部分给提议方，分多分少全看接受方有多慷慨（或多吝啬）。

试着设身处地地站在博弈参与者的立场上，想象一下你会怎么做。你作为提议方的行为，显然取决于你对接受方的信任度。若是决定将最初那笔钱全部独吞，你能得到 100 美元，而接受方则会空手而归。反之，如果你分一部分钱给对方，这笔钱的数额乘以 3 后，对方再从中分你一半，你们两人最终的所得都有所增加。如果你胆子很大，把 100 美元都给了对方，对方便手握 300 美元。如果对方从中分一半给你，你们两人均可得到 150 美元，两全其美。

但除了与人为善的意愿、慷慨解囊的觉悟，或不愿忘恩负义的羞耻心，接受方不存在其他的分钱动机。你作为提议方，处于两难的境地。如假设双方均自私而理性，根据博弈论的预测，提议方一分钱都不会分给接受方，因为他会认定接受方最后也一分钱都不会给自己。

和最后通牒博弈一样，信任博弈也迅速成为行为经济学家探讨最多的博弈形式之一。果不其然，从一开始，有关信任博弈行为的实验室实验便显示出，提议方一般愿意将手中的钱分出很大一笔（通常为 1/3 左右）给接受方。而接受方反过来往往也知恩图报，按提议方分给他们的初始数额外加少量酬金，返还给对方。

然而，信任博弈的意义并不在于证明人们愿意对他人寄予一定信任，而在于可以此衡量与对比不同文化的信任度。对于这点，已有人做过几项耐人寻味的实验。

试举一例，两名以色列研究者尤里·格尼茨和哈伊姆·福施曼想研究种族血缘对人们的影响。[4] 他们邀请特拉维夫大学和海法大学的学生参与实验，这些学生的种族背景——欧洲裔或中东裔——仅凭姓氏即可判断。实验参与者通过计算机终端设备进行信任博弈，提议方位于特拉维夫，而接受方位于海法，两地相距约 10 千米。

每名参与者都知道对方的姓名，参与者以各种组合方式进行两两配对：提议方为欧洲裔，接受方为中东裔；提议方为中东裔，而接受方为欧洲裔；双方均为欧洲裔；双方均为中东裔。结论出人意料，且有着令人失望的社会意义。在提议方须决定分多少给接受方的环节，中东裔的接受方分得的数额明显低于欧洲裔的接受方。针对中东裔参与者的歧视主要是由欧洲裔参与者的行为造成的，但中东裔参与者也对同胞表现出了一定程度的歧视，男性在这方面的歧视倾向要高于女性。换言之，男性对欧洲裔的参与者寄予的信任度要高于他们对中东裔参与者的信任度。

这样一项简单的实验便表明，歧视现象其实仍然大行其道。我们在身边已看不到明目张胆的歧视，因为社会强烈摒弃公然歧视行为。但在远离社会关注的场合，隐性歧视却有危险的抬头之势。在这一实验中，歧视行为的根源在于许多提议方所抱有的一种（甚至可能是潜意识层面的）直观感受，这种直观感受让他们以为欧洲裔接受方投桃报李的可能性要高于中东裔的接受方。甚至中东裔的提议方也表现出了歧视倾向，显然对同胞怀有同样的看法。

至此，有人可能会问，根据信任博弈接受方在实验中的表现，这种直观感受——中东裔参与者在投桃报李方面较为吝啬——是否合理？答案是，完全无中生有。无论是何种族背景，所有接受方对慷慨相赠的提议方所给予的回报份额均趋于一致。实际上，中东裔接受方的回报额要稍高于欧洲裔接受方！

针对中东背景人士的歧视是如何产生的？在前一章，我们提到了罗伯特·奥曼提出的原则理性与行为理性的区别。所谓原则理性的行为，顾名思义，就是根据本能性的原则做出的行为。我们一生中会遇到许多不同的交际场合，这种原则通常是有利于我们的，而行为理性的行为则须在认知层面多加注意，仅适用于个别交际场合。

信任与猜疑主要受情感原则支配，但原则虽有助于我们快速决策，却因以偏概全而存在一大缺陷。这种以偏概全存在误导性，上述实验显示出来的歧视行为就是一个例子。导致歧视形成的认知是，我们不应该信任与我们有异或经济状况不如我们的人。这在有些情况下或许是合理的行为方式，在有些情况下也可能对我们的自身利益造成极大损害。此类原则往往是几次误信于人后形成的，且难以更改。实际上，这些原则即便经证实有害无益、并不正确，却仍然能长期盘踞脑海。

在这方面，人类与蜜蜂并无太大差别，蜜蜂也严重依赖于某些难以撼动的原则。几年前，在德国进行的一项有趣实验利用“人造花”对此进行了研究。人造花即上色的圆盒，盒里装着吸引蜜蜂的花蜜。实验人员铺设了一片人造花田，花色不同，有黄蓝两色。黄色花朵装有花蜜，蓝色花朵则是空的。

在人造花田上放飞一群幼蜂，它们立即开始在花间飞来飞去。落到黄色花朵上的蜜蜂采满了花蜜，而飞到蓝色花朵上的蜜蜂却立即失望地飞到了别的花朵上。久而久之，飞到蓝色花朵上的蜜蜂越来越少。到最后，研究人员每次在人造花田上放飞蜜蜂，所有蜜蜂都知道要避开蓝花，直接飞向黄花。

此时，实验人员更改了蜜蜂的实验规则：将花蜜放在蓝花上，将黄花留空。他们本以为蜜蜂会逐渐认识到应该转而飞向蓝花，放弃黄花。但事实并非如此，蜜蜂仍然一味地飞向黄花，固守原先的行为模式。蜜蜂顽固不化地守着错误的偏见，尽管每次飞到没有花蜜的黄花都毫无收获，却仍然不肯光顾蓝花。直到蜜蜂因营养不足而气力渐弱，这一现象仍在持续。最终，整个蜂群饿死了。从某种意义上说，蜜蜂以自杀的方式祭奠了其对蓝花的“偏见”。

蜜蜂的实验向我们展示了无意识偏见的危害，却也指出了人类抵制这种偏见的方式。如信任博弈所示，我们愿将自己的命运交由他人处置，这种心理可因社会条件而异。这些实验表明，只有情感取代纯粹、符合逻辑的利己主义，这种环境才有可能实现。

第八章

自圆其说的猜疑

2001年，我受聘在佛罗伦萨的欧洲大学学院担任教授，并在这座优美的城市定居下来。欧洲大学学院由欧洲共同体创建，旨在培养社科领域的欧洲精英在博士学业和学术研究方面的造诣。每个欧盟成员国均划拨了一定的学院招生名额，因此学院拥有国籍各异的学生，且各国比例相等——这不仅对学校来说是妙事一桩，也恰巧构成了一个极其适于研究的群体。多数学生至少会讲三门欧洲语言，且在不止一个欧盟国家居住过。欧洲大学学院公开表示，其宗旨就是成为欧盟的意识形态中心。

2001年年底，德国外交部长约施卡·菲舍尔召集了欧洲大学学院社会科学系的全体教师——约30名教授，为我们下达了一项奇怪的任务，即为“欧洲合众国”起草宪法。随后，欧盟拨给我一大笔研究经费，我连同几名同事，选择将部分经费用于研究欧洲背景下的信任与信用。[1] 我们决定利用一种根据“恩惠市场”进行的博弈做一项实验。

来自欧洲不同地区的欧洲大学学院新生（初来乍到，故尚无时间与其他人相熟）是本次实验的受试者。实验分组进行，每组 5 名学生，每组的成员均未直接见面，所有交流都通过电脑屏幕进行。

实验开始后，每名参与者的简介首先在各组成员间传阅。对于我们（实验人员）来说，最重要的信息莫过于参与者的国籍，但我们也将年龄、学术兴趣等次要信息罗列在了供传阅的简介材料中。之后，每名参与者分得 50 欧元，并得知自己可从这笔钱中分出任意数额给组内任何成员。与信任博弈相同，任意数额的钱在参与者中间初次转手，则金额乘以 3。初次受赠的接受方可选择返还一部分钱给分钱给他们的人，数额自定。这一点仍与信任博弈相同。

这一过程在每组内重复进行 6 轮，由此导致的效果就是一个动态的恩惠市场得以形成。其中的个人选择施惠于人，期望对方在本轮或其后某一轮投桃报李。

我们的目的是对比人们对欧洲南北两个地区的人所寄予的信任度。为了研究，我们将欧洲北部界定为丹麦、瑞典、芬兰、英国、德国、荷兰和比利时，而将意大利、西班牙、葡萄牙和法国（多数法国人都居住在法国南方）划分为欧洲南部国家。并非巧合的是，欧洲南北部的地理分界线恰好也是拉丁文化与盎格鲁-日耳曼文化的分界线。

该实验受试者均为青年知识分子，履历中都有丰富的国际和跨文化交流经验。鉴于这样的背景，有人或许以为国籍对博弈中表现出来的信任度毫无影响。但事实证明，这一假设并不正确，相比于北欧人，南欧人显然遭到了歧视。这种针对组员身份的歧视既表现为其他参与者选择分钱给谁，也表现为他们分钱的多少。南欧人被选中的次数相对较少，即便被选中，拿到的份额也低于北欧人。

这种博弈的动态性质让我们得以观察歧视倾向逐轮显现的过程。我们本以为随着博弈的进行，歧视表现会逐渐减少，但出乎我们意料的是，事实恰好相反。仔细分析数据后，我们发现了歧视加深的秘密：在第一轮，对南欧人的猜疑已有一定程度的体现，但程度很轻，微不足道。受到猜疑的对象继而在第二轮用自己的方式表示猜疑，予以回击。一方的猜疑自然会引起对方的猜疑，而在前者看来，这又印证了对南欧人的歧视是有道理的，导致下一轮针对南欧人的歧视进一步升级，进而加深双方的猜疑，并由此导致歧视与猜疑的恶性循环愈演愈烈。我们眼看着最初一点点缺乏根据的轻微歧视迹象逐渐演变得不可收拾。

博弈开始时的轻度猜疑是一种自圆其说的预言，至博弈结束已经演变成不折不扣的歧视。我们认为，既然连欧洲大学学院这样的精英学府所招收的青年高级知识分子都有此行为，这一现象在全欧洲应该非常普遍。

这篇论文的发表遇到了重重阻力，因为有审稿人认为文章有挑衅责难的意味，在我看来，这种看法并不公平。行为经济学领域最重要刊物的编辑是来自德国家庭的西班牙人，值得钦佩的是，他认识到了这篇论文的重要性，并同意刊登。

对于实验中愈演愈烈的猜疑行为，南欧人和北欧人均负有一定责任。很多人际沟通失败的案例均可归咎于这种自圆其说的猜疑。老板对下属能力表示缺乏信心，因此限制了这名下属的成功概率。如果这名下属确以失败告终，老板会认为当初的看法得到了印证。反之，下属若是从一开始就认为任何工作进展都会立即被老板驳回，这样反而会导致自己不受信任与尊重。在恋情中，怕受伤害、怕被辜负的心态本身就是恋情夭折的原因。

第九章

文化差异、巴勒斯坦式的慷慨与鲁思的神秘失踪

2008年，我和赖茵哈德·泽尔滕收到德国科学基金会的研究经费，受命对民族中心主义进行实验室研究，民族中心主义即以本民族的文化规范为唯一依据评判其他社会的人。我们与来自伯利恒大学和圣城大学的巴勒斯坦同僚联合进行了两项实验，让德国人、以色列人和巴勒斯坦人参与信任博弈。须谨记，信任博弈有两名参与者，一名为提议方，一名为接受方。在第一步，实验人员发给提议方一笔钱，提议方可以从中分任意数额给接受方。前者每分给后者1美元，实验人员都会额外再发给接受方2美元。在第二步，接受方可以从所得中返还任意数额给提议方。

在第一项研究实验中，我们安排各个国籍的参与者仅与同国籍的对手进行信任博弈：在波恩大学，德国参与者两两对垒；在耶路撒冷希伯来大学，以色列参与者两两对垒；而在耶路撒冷的

圣城大学，巴勒斯坦参与者两两对垒。

先让同国籍的参与者两两对垒，可以确定每个组别内部的信任度标准。结果，各个组别之间存在显著差异：巴勒斯坦人表现出的信任度最高，从所得中分给对方的平均份额为 66%；相比之下，以色列人的信任度是最低的，让出的平均份额仅为 36%；德国组排名居中，让出的平均份额为 50%。

该实验的参与者不仅进行了信任博弈，我们也要求作为接受方的参与者事先对提议方让出的份额做出预测。出人意料的是，平均而言，各组内的预测都很准，提议方的行为与接受方的期望值高度一致。圣城大学的巴勒斯坦接受方接受同学的慷慨赠予，毫不奇怪；而希伯来大学的以色列学生面对以色列同胞吝啬的施舍，也没有大惊小怪。显然，两种文化均有各自的内部信任标准，这种标准在本文化圈内人人皆知。

但该实验的参与者对本文化的通行规范了若指掌，几乎可以毫厘不差地猜到提议方的行为，这究竟是如何做到的？每名参与者均是第一次参加信任博弈，此前对这种博弈并无细致了解。我们一生中每天都在参与的交际情境或许与信任博弈不尽相同，但也存在着诸多相似之处。我们在此类情景中的经验日积月累，影响远远大于任何一次信任博弈，让本民族环境中有关信任与慷慨的通行文化规范铭刻在我们的直觉中。拥有这种直觉对社会成就至关重要，实际上，其重要性或许要大于对所处情况的分析能力。

在第二项实验中，我们安排每种文化背景的参与者与各个文化背景的对手对垒。各种文化配对都进行了试验：以色列人对巴勒斯坦人、以色列人对德国人、巴勒斯坦人对德国人、德国人对德国人、以色列人对以色列人、巴勒斯坦人对巴勒斯坦人。实验通过电子通信在波恩、耶路撒冷和约旦河西岸地区同时进行，每名参与者都知道与其对阵的参与者是何国籍。

民族中心主义在这次实验中暴露无遗。作为接受方的参与者对提议方的行为做出的预测与其在第一次试验中对本文化提议方做出的预测并无二致。例如，巴勒斯坦人在对阵以色列提议方时，仍然预测对方给出的平均份额为66%。以色列人对同胞吝于施与的行为（让出36%的份额）已经习以为常，在对阵巴勒斯坦或德国提议方时，仍然认为对方对自己的信任度很低。

提议方情况如何？他们的行为也符合本民族文化的行为规范，无论对阵文化背景相同还是相异的对手，让出的份额在前后两次实验中均相差无几。无论对阵的接受方是何身份，提议方让出的份额均无差别，我们因此可以断定，其中并不存在针对国籍的明显歧视行为。

此处不存在公然的歧视行为，这听起来似乎令人振奋，但稍加细究就会发现并不令人乐观的情况。该实验中，参与者的行为本身是无辜的，却涉及一定程度的民族中心主义，并可能由此造成巨大影响，甚至酿成悲剧。在以色列提议方对阵巴勒斯坦接受方时，这一点显露无遗。如第一次实验所出现的情形，按照以色列的标准，提议方让出的份额很低（平均约为36%）。无论接受方是以色列人还是巴勒斯坦人，以色列提议方让出的份额都一样低。

然而，根据巴勒斯坦的标准，提议方让出的份额须高出不少（平均约为66%）。由于民族中心主义的思维模式，巴勒斯坦接受方以为以色列提议方让出的份额也会符合巴勒斯坦的标准。因此，看到以色列提议方实际提出的份额时，他们难免大失所望。在实验末尾发给参与者的调查问卷中，巴勒斯坦的参与者认为从以色列参与者手中分到的数额明显低于预期值是以色列人歧视巴勒斯坦人的表现。他们甚至丝毫没有想过，这种差距实际上可能是由行为规范不同造成的，以色列人分给以色列同胞的数额也一样低，民族中心主义最危险的因素有许多都源于我们完全未能认识到不同文化规范的存在。

与之相反的正面影响出现在巴勒斯坦人作为提议方对阵以色列接受方的时候。在此情况之下，由于民族中心主义的思维定式，以色列接受方以为巴勒斯坦提议方让出的份额会和以色列提议方一样低，即约为36%。而他们实际收到的平均份额却为66%，是其期望值的近两倍，这让他们大喜过望。问卷答案显示，以色列的参与者并未考虑到他们所见到的行为或许仅仅是巴勒斯坦人在按照本民族文化的规范行事。很多以色列人认为他们收到的份额很高是因为巴勒斯坦参与者在向以色列参与者做出难以解释的示好姿态。

但凡出现文化行为分歧的地方，就存在民族中心主义。在这方面，我们尚未思考的是，在此博弈中，巴勒斯坦标准的让出数额为何要远高于以色列和德国？为什么他们会在博弈中对他人寄予如此高的信任度？巴勒斯坦人面对以色列人和德国人让出的份额仍然很高，这表明对大学同窗给予特别关照的想法或巴勒斯坦人的民族团结情结，并不是造成这一现象的原因。

我不敢说我的说法能够服众，我能提供的仅仅是一些臆测，这些臆测来自我同合作主持实验的巴勒斯坦同僚之间的长谈，其中以圣城大学的穆罕默德·迪加尼为主。我的同僚认为，巴勒斯坦人在信任博弈中让出的份额较高是因为在巴勒斯坦文化中，集体主义与个人主义的相对重要性有高低之分。在巴勒斯坦社会，个人主义仍被视作可耻的行径，因其有悖于传统价值观和宗教价值观。巴以冲突或许也是巴勒斯坦人谨防极端个人主义的一个原因。

在巴勒斯坦社会，受人恩惠却不知回报的行为遭到唾弃的程度要甚于西方文化。因此，在信任博弈中，巴勒斯坦提议方对接受方较为慷慨。出乎意料的是，尽管在西方文化中，自我主义行为要合情合理、司空见惯得多，巴勒斯坦提议方却仍然会受民族中心主义情结驱使，以为其他文化背景的接受方会以和巴勒斯坦接受方一样的方式做出回应。

互联网使用的普及和经济全球化加快了跨文化交际的步伐，再过不到一百年，民族中心主义或许就会销声匿迹，这并不是因为我们终将学会理解文化背景相异之人的行为，而是因为文化差异会消失殆尽。多数人类会遵守单一的行为规范，但凡违背这一规范行事的人，无论在经济上还是社会上，都无法生存。然而，在完成此过程之前，唯有意识到自身的民族中心主义思想且调整行为适应所处社会环境，甚至改变原本习以为常的标准，才能胜人一筹。

这一点在涉及商务和政治谈判的交际场合尤为重要。雷蒙德·科恩在《埃及与以色列关系中的文化与冲突》一书中指出，谈判破裂往往是民族中心主义在作祟，而非双方存在实质性分歧。以色列和巴勒斯坦和谈屡试屡败也是由于这一点。要想达成协议，不仅需要谈判双方克服民族中心主义，设身处地为对方着想，也需要两国的多数民众克服民族中心主义。巴以两国若无广泛的民众支持，任何协议都难以推行。

我和参与德国–以色列–巴勒斯坦实验的同僚还做过另一项实验，为的是进一步了解经济交流中的文化差异。该实验涉及一种新式的双向信任博弈，它分两种形式。

我们发明了这种新式博弈，并将第一种形式称为“施与”模式。博弈规则如下：首先，两名参与者各自获得一笔等额的钱

（如 100 美元）。然后，双方须各自决定从中分多少给对方。与普通的信任博弈相同的是，一方从对方手中每分到 1 美元，实验人员会再发给前一方 2 美元。

在该博弈中，两名参与者须在不知道对方出让份额的情况下，同时决定分多少给对方。一方在博弈结束后的所得总额即为未让与对方的数额，再加上从对方手中所得数额 3 倍的数额。例如，一方让给另一方 30 美元，同时从对方手中拿到 20 美元，其在博弈结束后的所得总额即为 70 美元+60 美元=130 美元。

该博弈的第二种形式为"抢夺"模式。博弈规则如下：首先，双方各自获得 100 美元。然后，双方须宣布从对方的初始数额中"抢夺"多少钱。实验人员会，向双方返还各自剩余数额的双倍。博弈结束后，一方的所得总额为该方从对方手中抢夺的数额，再加上对方从初始数额中抢走一部分后的剩余数额的 3 倍。例如，一方从另一方手中抢得 70 美元，而后一方从前一方手中抢得 80 美元（留给前一方 20 美元），前一方在博弈结束后的所得总额即为 70 美元+60 美元=130 美元。

从策略角度来讲，两种博弈并无二致，抢夺博弈可改述为以下的两段式博弈：在第一阶段，双方均抢夺了对方的全部 100 美元，然后在第二阶段继续进行施与博弈。但第一阶段 100 美元的易手毫无意义，因为这一阶段后，双方手中的数额仍为 100 美元。

须注意，如果双方均自私而理性，仅考虑一己私利，则在施与博弈中，双方一分钱都不会分给对方，致使双方在博弈结束后的所得不变，仍为 100 美元。在抢夺博弈中，双方若自私而理性，则均会抢走对方的 100 美元，致使双方在博弈结束后的所得不变，仍为 100 美元。这些行为正是两种博弈各自的纳什均衡。鉴于两种博弈在策略层面是对等的，利己主义的理性思维决定了我们应预测两种博弈会出现类似的行为，且最终结果相差无几，两种博弈的区别仅在于描述方式有所不同。但实验结果却大相径庭，参与者在施与博弈与抢夺博弈中的行为截然不同。重要的是，这些行为差异因文化而异。

我的同事通过施与博弈与抢夺博弈对比了以色列、巴勒斯坦和中国参与者在实验中的行为，对阵双方均为同一文化背景的参与者。以色列人在施与博弈中让出的数额相对较低，在抢夺博弈中抢走的数额却较高。巴勒斯坦人在施与博弈中让出的数额相对较高，但在抢夺博弈中抢走的数额也较高。中国参与者在施与博弈中让出的数额相对较低，在抢夺博弈中抢走的数额也较低。

不同文化背景的参与者有着不同的行为特征。以色列人对个人利益极为看重，其行为最接近纳什均衡预测的行为模式。然而，切勿因此贸然断定以色列人的总体自私程度要高于另两种文化背景的个体。这一点会在后文再行详述。

相比之下，巴勒斯坦人在施与博弈中非常慷慨，在抢夺博弈中却相当自私。这表明巴勒斯坦人在决策过程中看重金钱以外的因素，如对互惠互利的预期。影响其行为的是对他人行为的预期，这种预期又取决于两种形式的博弈具体如何描述。以侧重施与的方式描述这种博弈，导致巴勒斯坦人认为对方会慷慨相赠，进而促使所有人按照通行规范慷慨相赠。反之，将博弈规则描述为让参与者决定抢夺多少份额，导致巴勒斯坦人认为对方会自私而为，这最终又自圆其说。

中国参与者表现出了对财产的尊重，且力求既不致过于慷慨，又不致伤及他人利益。他们在施与和抢夺方面均有所节制，宁愿手中的钱在博弈前后尽量保持不变。中国参与者的行为让我想起了我的岳父跟我讲过的他二战期间在苏联红军服役的经历。每讲完一件事，他总要以同一句话结尾，这句话总结了他从战争中认识到的主要真谛，或许也是他大难不死的秘诀："永远不要主动出头，也永远不要违抗命令。"

对于以色列参与者在抢夺博弈中的行为，我并不意外。以色列人在实验博弈中表现出的争强好胜、功利自私的心态向来远远胜过别国人口，这种现象我和同事做过多次讨论。这种现象出现在各种同类博弈中，包括最后通牒博弈、囚徒困境、独裁者博弈和信任博弈，这令以色列研究者尤为忧心。他们在国际会议上展示以色列境内实验的成果时，往往面露尴尬难堪之色，同时还要坦言他们担心强调这一现象对龌龊反犹言论的散布者来说正中下怀。但实验结果真的能表明以色列人争强好胜、贪心不足、漠视他人利益的倾向根深蒂固吗？我认为并非如此。

我认为这一现象根源于以色列的个人主义倾向与施与和团结在以色列社会的特殊地位之间的失调。在危难期间，以色列人能展现出置个人利益于不顾、团结一心、同甘共苦的觉悟。即便是按最严格的国际标准，这种觉悟也是极为罕见的。

假如在以色列社会中，人人都贪得无厌，一心只顾自己那狭隘的眼前利益，这个国家根本无法历经残酷的百年冲突而不灭。但这却让这一问题变得更加突出：这种举国团结、共赴患难的例子为何在实验室实验中未能得到体现？

在我看来，答案在于以色列社会对危难时刻的团结和个人主义与成功的同等重视，这种两头兼顾的倾向正是以色列取得经济和科技成就的秘诀。举国团结与投身公益需要付出代价，社会或安全危机爆发时，以色列人无一不甘愿付出这种代价。但在局势较为平稳的时期，普通以色列人则会谋求竞争和成功等其他价值取向的表达，以暂时摆脱团结的沉重负担，得以喘息。为了平衡这种重负，以色列人放任自己行使天赋的权利，所作所为对个人主义的看重程度要高于他们的欧美同人，而后者受到征召、共赴国难的机会较少。以下故事多少可以解释团结与理性情感在以色列的相互作用机制。

2006 年夏，以色列的局势异常动荡，在长达数周的时间里，以色列军队与黎巴嫩真主党之间爆发了激烈的军事冲突。真主党对以色列非军事目标的袭击力度达到了 1948 年以来之最。

在这场艰苦的战争硝烟正浓时，我收到了老朋友多丽丝的邮件，她的女儿鲁思在临开战之前，趁着暑假到以色列旅行。1990 年，我在匹兹堡大学做博士后时，与多丽丝·埃里克森及其丈夫拉里结识，我和妻子经常与他们全家一起共度周末。鲁思当时只有 10 岁，是个名副其实的神童。她精通三门语言、多种乐器，我们任何人犯再小的错误，无论是说错了超市商品的价格，还是误解了计算机科学中量子比特信息的概念，她都会不假思索地纠正。我们回以色列后，自然和埃里克森夫妇见面少了。2006 年，鲁思已经 27 岁，我们已经有近 17 年没见过她了。

在那个不同寻常的周五，战火纷飞，鲁思原本计划到我们家吃晚饭。晚上 7 点左右，她从耶路撒冷市中心打来电话，让我跟她所乘出租车的司机解释开车到我家的路线，而且得快点说，因为她的手机快没电了。

从耶路撒冷市中心到我家一般用时 20 分钟左右。到了 7 点 45 分，鲁思仍未出现，我拨通她的手机号码，想问问是否一切安好，但无人接听。我越来越担心鲁思，我的妻子阿塔莉亚想安抚忧心忡忡的我。

“她当然不会接，”阿塔莉亚说，“别忘了她的手机没电了。”

但到了 8 点 15 分，鲁思仍不见人，连阿塔莉亚也难掩焦急之情了。

到9点时，我们再也坐不住了：我们决定报警。电话另一端的警察并没有说我在交战期间无缘无故联系警方是妨碍公务，他的回答反而令我忧心如焚。

“温特先生，您报告的事情，”警察说，“听起来很严重，您应该早点报警。”

不到半个小时，一辆警车便开到了我家门前，警察已经开始着手确定鲁思最后通过电话联系我们的确切地点，希望以此追查她的踪迹。

“温特先生，”一名警察问道，“可否告诉我们出租车司机对于你建议的路线有何反应？”

“他只说了‘没问题，我明白’之类的话。”

警方随后又问了很多问题：“他是在你说到一半时打断你回答的，还是等你说完才回答的？他有没有明显口音？”

通过手机定位鲁思的种种办法均告失败后，警方派了一辆警车到她最后联系我们的区域。他们让我们详细描述一下鲁思的外貌，我们告诉他们，我们无能为力。

“你们是什么意思？”一名警察怒气冲冲地问道，“到底是不是有个叫鲁思的人今晚本来要来你们家？”

我和阿塔莉亚努力回想鲁思10岁的样子时，警察不耐烦了：“究竟有没有人和她很熟，能跟我们描述她现在的样子？她父母呢？”

我嘟囔着说她父母肯定知道鲁思现在的模样，于是便听到了我一直害怕的话：“那快给鲁思父母打电话。”

多丽丝正在匹兹堡的家中，我和她讲电话的短短几分钟是我在当晚经历的最艰难时刻。

“多丽丝，”我说，“请听我说——鲁思还没出现。”

我们的交谈陷入了一阵令人揪心的沉默。我想安抚我们两人的情绪。

“多丽丝，离她原定来我家的时间只过去了两三个小时。或许鲁思在最后一刻觉得跟父母的朋友过一晚太无聊，于是决定坐出租车去了更有意思的地方，或许她去见朋友了……”

“不会的，埃亚尔，”多丽丝回答道，“除了你和阿塔莉亚，她在那里谁也不认识。我不知道该怎么办，拉里在加州开会，我一个人在家，你得帮我。”

和多丽丝谈过后，我和阿塔莉亚比之前还要担心。我决定再打一次鲁思的手机，然后再去找客厅的警察。出乎我意料的是，这一次，我听到鲁思接了电话。

“鲁思，是你吗？你在哪里？？”

“埃亚尔，”鲁思回答道，“我在你家吃晚饭啊。”

“没有，鲁思，你现在到底在哪里？”

“我现在在你家。”鲁思固执地说。

这时，警察插话了：“告诉她我们马上派警车过去，让她告诉我们她在哪里就行。”

“我觉得她糊涂了。”我吞吞吐吐地说。

“她当然糊涂了！”警察呵斥道，“她显然遭到了攻击，让她描述一下周围的环境。”

我把电话交给阿塔莉亚，我认为她做这种事更得心应手，因为她是专业的心理医生。

“嗨，鲁思，我是阿塔莉亚，如实地告诉我你周围能看到什么。”

“我看到几个人坐在一张长桌旁，你现在在厨房，对吗？”

“对，当然，”阿塔莉亚回答道，“你能找个坐在桌子旁的人跟我讲电话吗？”

“当然，稍等。”

不一会儿，阿塔莉亚听到一个男人用低沉的嗓音对着电话讲话。原来他是住在几栋房子外的一个邻居，不负责任的出租车司机把鲁思送错了地方，加上鲁思本人做事欠考虑（初来乍到），邻居又过于好客，于是上演了一出阴差阳错的滑稽戏，只是我们却一点儿也笑不出来。

如果你觉得邻居的所作所为莫名其妙，请记住此事发生之时正值战争期间，以色列北部正遭受炮弹的袭击，我和阿塔莉亚同很多人一样，邀请过北方人来我们的小镇暂住，这里远离炮弹的射程。我们的邻居天真地以为出现在家门口的这位年轻女子也是来自北方的难民，想暂避战火。他们热情地开门迎客，鲁思于是相信她确实找到了父母朋友的家，她立即脱掉鞋子，笑容满面地走进屋子，挨个拥抱了站在那里的每个人。

在邻居的房子里，坐在桌旁的其他人认为这位不请自来的客人举止确实有些古怪，但尽力不让她难堪，不让她觉得自己不受欢迎。

至此，阿塔莉亚已经明白鲁思误打误撞去了附近的一栋房子。她心急火燎地跑出家门找鲁思，连鞋子也没来得及穿。邻居的长子看到阿塔莉亚赤着脚跑向他家时，喊道："妈妈，又有一个疯女人跑过来了！"

在几个小时的时间里，鲁思在一个素不相识的人家里感到宾至如归。宾主双方都没想到其中有误会，因为双方有关宾主举止的文化规范并不相同。鲁思没有想到她找错了房子，因为根据她所熟悉的文化规范（即美国的文化规范），素不相识之人随便走进一户人家还能得到热情的招待，这是不可思议的事情。她按照自己的文化规范判断形势，落入了民族中心主义的窠臼。

招待鲁思的主人家是信教的以色列家庭，对他们来说，周五晚上请陌生人吃饭是世界上最天经地义的事。尤其是战争期间，国内遭受炮弹威胁的地区有很多人流离失所，他们希望有此遭遇的人在借住讨食时没有顾忌，热情款待鲁思对他们来说是理所当然、天经地义的。他们竭尽所能地让她感到舒适自在，对任何可能令她难堪的话题都绝口不提，他们同样落入了民族中心主义的窠臼，尽管这种民族中心主义窠臼对局中人来说不失为一件乐事（而对我们这些局外人来说却是不幸之事）。

无论如何，那晚之后再有以色列人在实验室实验中表现出自私自利、以自我为中心的倾向，我均未对此有过歉意。

鲁思失踪事件让我们懂得了有关自私与慷慨的另一个重要道理：我的邻居为何愿意让素不相识的陌生人闯入其私人的周末聚餐？换作和平时期，他们还会这样做吗？显然，他们表现出的慷慨大度与以色列当时处于交战状态这一点密切相关。

团结与个人主义之间的矛盾在以色列社会非常突出，但这种矛盾其他社会也有，只是程度较为缓和。在危难时刻，如战争或自然灾害爆发期间，人们渴望团结互助，唾弃争强好胜和自私自利。但一旦威胁解除，这些情绪也旋即消失，取而代之的是愈加膨胀的个人主义和自私欲望。对于如何看待个人主义与团结一致，卡特里娜飓风时的波旁街[①]与股市繁荣期的华尔街有着天壤之别。

在一个族群遭遇外部威胁时，人们的自私本性会有所克制，对同胞较为慷慨。我们将此种行为称为“团结”，这种行为对社会的存亡至关重要。

---

① 波旁街，美国新奥尔良法国区的古老街道、同性恋聚居区，为新奥尔良市的著名景点。——译者注

第十章

集体情感与沃尔特的心理创伤

1933 年夏，阿道夫·希特勒在德国独揽大权仅几个月后，沃尔特·拉扎尔碰巧径直走进了柯尼斯堡市中心的一场大型纳粹集会。柯尼斯堡隶属当时的普鲁士邦，该邦位于德国东部。沃尔特是我奶奶珍妮的弟弟，是一名思想开明、见多识广的犹太人。而在纳粹政府看来，这种人正是邪恶的化身。他眼看着集会形成，首先产生的本能反应是竭尽所能地赶快逃离那个地方，但他的好奇心占了上风，他没有逃之夭夭，反而徐步走到集会正中央。他长得像雅利安人，因此没有暴露他犹太人的身份。自然而然，他周围的人接受了他的出现。

最终，希特勒本人上台，用他特有的亢奋语气发表演说，狂热地挥舞着手臂，声嘶力竭地煽动群众进入癫狂状态。他的话频频被打断，因为总有大批群众在高喊“Sieg Heil”[①]，喊过之后又陷入鸦雀无声的状态，如饥似渴地等着元首继续发表指示。起初，沃尔特用目瞪口呆、难以置信的表情看着周遭发生的事情。但慢慢地，一种异样的情绪控制了他。集会群众唱起纳粹国歌时，沃尔特也附和起来，随着歌声喃喃地哼着歌词。不久之后，他猛然意识到自己其实是被这种群情激奋的状态感染了。他和周遭的人一起高喊“Sieg Heil”，为希特勒的每一句话鼓掌。

他清醒过来后，羞愧难当地捂着脸逃到了附近的姐姐家。我父亲，即奶奶珍妮的儿子小汉斯，彼时年仅 12 岁。沃尔特当天的样子，他一生难忘。汉斯打开前门，看到他的舅舅脸色苍白如纸、汗流浃背。珍妮惊慌之下，拿起电话准备叫医生，但沃尔特劝她无须这样做。他瘫倒在沙发上，痛哭流涕：“简直像妖术一样，我怎么会附和起纳粹国歌，喊起希特勒万岁来？”

实际上，沃尔特的经历并不算非同寻常。希特勒在德国掌权后的几个月间，社会民主党派和共产党有许多原本忠贞不贰的党员都热情高涨地参加了大规模纳粹党集会，这是不争的事实。铁板一块、相须而行的狂热团体可能会对我们产生强大的情感影响力，几乎可以达到煽动的程度，这在很大程度上源于我们所有人对集体归属感的古老需求。

---

① Sieg Heil，德语，意为“胜利”，是纳粹口号。——译者注

归属于集体的进化优势显而易见。作为集体一员，个人在面临危险因素和敌人威胁时，安全更有保障，享有的重要资源也更多。

数项心理学实验均表明，人类对集体归属感的需求非常明显，乃至在抽象、无现实背景的情形中也有体现。受试者按颜色（蓝绿两色）分为两组，按前一章所述的规则进行信任博弈。尽管颜色分组与博弈本身毫无关系，他们对同颜色组成员的慷慨程度仍要高于“另一组”的成员。创造并维护团体凝聚力的机制从根本上说，即诱发集体情感的情感机制。

科学、技术和艺术发展主要是个人层面进行的认知与情感现象，但人类社会历史主要由集体情感支配，战争与条约以及大规模的革命和影响广泛的政治与经济变革均主要由此类情感推动。

我已故的同事及好友加里·伯恩斯坦有多项研究都旨在研究族群间的矛盾如何增进族群内的合作。[1, 2] 在其中两项有本人参与的研究中，我们让受试者参与规则稍有变化的囚徒困境。这一博弈需两对参与者同时进行，而非简单的一对一。每对参与者单独进行一对一的囚徒困境测试，结束后有所得，如果其中一对最终的所得总额高于另一对的所得总额，我们会再发一小笔奖励给“获胜”的两名参与者。

前几章的主题是个人情感，与个人情感相反，集体情感可以让多人的心理状态联结起来。举例而言，相互联结的心理状态可表现为击败敌对群体的欲望。正因为如此，即便个人的获胜所得微不足道且似乎不足以成为合作的理由，相互联结的心理状态也会促成大量团队合作的形成。

颜色分组实验所展现的合作程度令人惊叹，远高于直接一对一（不分组）的囚徒困境中常见的合作程度。即便合作带来的个人所得与普通囚徒困境的所得不相上下，参与者也要击败另一组，合作正是来源于这种欲望。然而，正是由于群体认同促成的合作，这些实验受试者的所得要高于进行普通囚徒困境的所得。

这一简单的模拟实验表明集体情感可以帮助个人提高物质利益，增加生存概率，这显然可以构成个人层面上的进化优势。在上例中，相互联结、坚定不移的集体情感只是在同一颜色组的两名合作伙伴中间生成。但试想一下敌对团伙水火不容、枕戈待旦的情形，这是集体情感形成的典型案例。每名帮派成员都与同帮伙伴同甘共苦，甚至愿意冒生命危险救同伴一命或光复帮派名誉。与此同时，他又对敌对帮派的成员恨之入骨。这些集体情感既影响着帮派成员之间的感情，也影响着他们对外帮成员的感受。这些情感让群体内部上下一心为集体而战、吓退集体的敌人。能在成员中间煽动起这种集体情感的群体可胜其他群体一筹，这增加了这一群体的生存概率。

人类协调情感并将情感转化为强大力量的能力显然有着久远

的进化渊源，但凡未能融入集体的人，无论是自愿退出还是遭到驱逐，其生存概率都远低于忠于集体的人。实际上，集体情感在许多哺乳动物和鸟类身上也有发现，并不仅限于人类。

感兴趣的读者可以在YouTube上观看一段名为“克鲁格之战”（Battle at Kruger）的视频，视频由南非克鲁格国家公园的一群游客拍摄。起初，视频显示一群水牛徜徉在河边的乡野小道上。突然，一群寻找孱弱猎物的狮子凭空出现，盯上了在母水牛腿间踉跄而行的一只小牛犊。

短暂却可怕的追逐之后，狮子驱散了受惊的牛群。可怜的小牛犊四肢孱弱，跟不上牛群的速度，被抛得越来越远。这正中狮子的下怀，小牛犊在旷野上孤立无援，轻易地落入了其中一只狮子的爪下，并被拖到了河边，似乎难逃溺水而死、葬身狮腹的厄运。

但即便是水牛犊，体型也不小，难以立刻就范咽气。小牛犊表现出了异常顽强的生命力，垂死挣扎。祸不单行的是，河岸上激战正酣时，一只鳄鱼突然从水里探出头来，用尖牙利齿咬住了小牛犊的一条腿。措手不及的狮子没有拱手相让，想把奄奄一息的小牛犊从河边拉走，而鳄鱼也执意把小牛犊朝相反方向的河里拉。

狮群的力气要强过势单力薄的鳄鱼，最终赢得了这场拉锯战。此时的小牛犊被三只狮子紧紧咬在嘴里，似乎在劫难逃。但接下来，最难以置信的事发生了：此前被狮群赶走的水牛群又倔强而愤怒地卷土重来，一大群水牛瞬间包围了抓着小牛犊的狮子，另一群水牛则带着骇人的气势赶跑了其他狮子。

包围了剩余三只狮子的水牛群气势汹汹地逼近，受惊的狮子最终丢下到手的猎物，落荒而逃。受伤的水牛犊被狮子丢弃在地上，若无其事、从容不迫地站了起来，回到了牛群中。

不可思议的“克鲁格之战”展示了作为食草动物的水牛如何击败狮群——该野生动物保护区最凶残可怕的食肉动物——利用有组织的牛群所拥有的数量优势与合作方式。拍摄这场争斗的游客情不自禁地被情绪控制，观者可在视频里听到他们为气势汹汹的牛群欢呼喝彩。争斗情形与人类的戏剧非常相似，目睹经过的人们难免会受到感染，自己也产生了强烈的集体认同感。我相信所有观看此视频的人内心都会涌起同样的集体情感。

前文提到集体情感有时要强于个人情感。原因之一是，在许多社交场合中，两种情感会形成相互反馈的机制。在许多宗教中，在教堂、清真寺、犹太会堂等场合进行虔诚的集体祷告，目的并不在于集会本身，而在于创造环境，增强祷告的情感力量。观看足球比赛的球迷反复被周围的其他球迷点燃激情，其激情进而又助涨了周围人的兴致，形成反馈循环。面对贾斯汀·比伯这样的歌星，少女们几乎只有在成群结队的时候才会神魂颠倒。在与同一位偶像单独见面时，她们的反应多半较为镇定。

很多社会都有过政治和意识形态狂热令家庭反目的时期，夫妻之间或父母与子女之间因对争议话题意见相左而拒绝与对方说话。一段时间过后，当事人从狂热的情绪中清醒过来，往往会说他们不知道自己中了什么邪。事后回想起来，问题根本微不足道，但当初他们为何会做出如此极端的反应？然而，这些反应出现的原因并不仅仅是对政治问题的理性分析存在差异，随之而来的还有包括集体认同感在内的集体情感，在此例中即为认同某一意识形态团体而排斥另一个的情感。

集体情感的形成往往需要有一个敌对群体扮演竞争者或威胁来源的角色，而维持“己方”集体的概念需要一个“他方”集体。“己方”与“他方”之间的冲突越激烈，己方成员相互之间的集体认同感就越深刻，集体行动也就越顺畅。

这是我们很多人都熟悉的行为模式。在紧急情况下，如飓风迫近的时候，你会看到人们众志成城，保护集体，相互之间往往会变得非常慷慨。一旦飓风退回到海面上，威胁消失，人们又会回到各人自扫门前雪的状态。爱国主义和民族狂热在国家受到具体敌人威胁的时候最为突出，我们或许对自己的政府颇有微词，但在外国人面前，我们却会慷慨激昂地为政府及其所代表的立场辩护。

这不仅限于西方国家与文化。我的朋友松冈吉成城为日本武士家族之后。在 17 世纪的江户（东京的旧称）与大坂[①]之战中，

---

① 大坂，即如今的大阪，于明治维新时期改名，此处的战役应指关原合战。17 世纪，德川家康在关原之战中取得胜利后，开始了以江户城为据点的江户幕府统治时期。——译者注

他的一名祖先是当时大坂城的武士将领。东京能成为如今的日本首都，很大程度上就是得益于这场战争的战果。

2011年，一场毁灭性的大地震及随后引发的海啸袭击了日本。事发后，我打电话给吉成城，想确认他和他的家人是否安全。我们长时间未见，聊了很多事情。聊着聊着，我向吉成城问起了许多日本人公开抨击日本政府的事情，他们谴责政府救援不及时，对灾难的幸存者照顾不周。吉成城简短地回答了我的问题，而后又不无愤慨地指责以色列政府仓促地撤离了驻东京的大使馆员工，而不是留下来声援日本，此举是“临阵脱逃，忘恩负义”。

面对指责，我没有保持沉默，而是立即反驳称我相信虽然以色列从日本撤回了大使馆员工，但至少有两倍人数的以色列医生和救援人员出于慷慨相助的目的，组成紧急援助队伍飞到了日本。我接着又强调，事发后立即派紧急救援队，全世界比以色列更有诚意的国家不多。这种情况持续了几分钟的时间，我们两人都慷慨激昂地为自己的国家辩护，直到清醒过来后才捧腹大笑。

集体认同感可能是暂时现象。人们会换工作，会搬到别的城市，有时甚至移民到其他国家，但即便已经退出了我们所认同的集体，对以前的集体所怀有的集体情感也往往会留存在心头。这是因为，集体及构成集体的个人所形成的集体理性情感若是无条件且经久不变的，其所享有的优势即可得到一定程度的增强。若不具备这两个特点，集体对敌方所构成的威胁便要大打折扣。例如，试想一下固守原国家认同感的移民。假如我们现处的群体与以前的群体发生冲突，这一现象则会得到更加明显的体现。

这一话题让我想起了一则令人不悦的故事，这则故事是我从父亲口中听来的。二战期间，父亲是一名银行职员。有一名银行客户是从纳粹德国逃出的犹太难民，每个月，他都会在同一个日子的同一时刻来到银行，将月工资的 1/3 汇到德国的一个神秘地址。某日，我父亲问他这些汇款有何用处，这位银行客户像“待命”的士兵一样直挺挺地站起来，自豪地宣称：“我或许没有权利直接参与保卫德国领土的战争，但仍然认为自己至少有义务在经济上支援德国的战事。”

集体情感起源于进化过程，对此尤其有力的证据就是，即便对某一群体的认同感并不符合切身利益，我们也会一而再再而三地寻求集体情感的建立。这方面的一个例子，就是球迷对体育俱乐部的认同感。

体育娱乐业的主要功能是建立具有精神支柱作用的集体情感。球迷俱乐部并无现实的目的（举例而言，与其不同，工会的宗旨是保护成员免于遭到雇主剥削，而民族国家则旨在保护公民免于外部威胁），球迷的共同目标是希望所支持的球队取得胜利，而这样的胜利并无现实意义。但球队本身并非最后一环，其存在的目的是在社会上建立集体情感。要想见识这种情感之深之烈，须亲自走进座无虚席的球场，置身于拥挤的球迷中间。庆祝进球的时候，这些球迷会站起身来，声嘶力竭地吼叫。

这些情感对比赛本身有多大影响？2005年，芝加哥大学和布朗大学的研究者发表了一项很有意思的研究，以多场足球比赛为样本调查了裁判的判罚。该项研究重点调查了常规比赛时间结束后的补时时长。这一判罚的决定权完全在裁判手中，比赛规则对此并无明文规定。

研究者发现裁判做出的补时判罚往往有利于主队。在比赛末段，领先的球队希望补时较短，而落后的球队则希望补时较长（得到的补时越长，进球的概率就越大）。研究发现，主队在比赛末段领先时，补时较短，而客队领先时，裁判给出的补时则要长得多。在多数球场，主队球迷都要多于客队球迷，所以可以顺理成章地假设裁判偏向于主队是因为主队球迷强烈的集体情感"波及"了裁判。

为何女性对追随球队表现出的兴趣较少？如本章前文所述，人类的集体情感主要来源于帮助集体获得重要资源的需求，尤其是在集体狩猎的背景下。由于狩猎主要是男性的职责，男性对集体情感的需求往往要强于女性。或许正是因为如此，男性对体育的兴趣要强于女性，男性的民族主义情结也要强于女性。

目前我们所探讨过的集体情感包括愤怒、共情和集体崇拜，但除此之外，至少还有一种集体情感——侮辱。集体侮辱造成的伤害要大于个人侮辱。

例如，假设你应聘工作却收到了如下回复：

亲爱的张三先生：

我司承蒙您关注，感激不尽。

遗憾的是，我们无法录用您，实不相瞒，您的标准测试分数太低。无论是长期还是短期职位，我司均有政策规定只录用高分应聘者。

愿您顺利找到与能力相匹配的工作。

这是一封言辞尖刻、令人难堪，甚至蛮横无理的信件。但试想一下，你收到的是以下这封信：

亲爱的张三先生：

我司承蒙您关注，感激不尽。

遗憾的是，我们无法录用您，因为您是黑人。无论是长期还是短期职位，我司均有政策规定对非裔美国人不予录用。

愿您顺利找到与能力相匹配的工作。

尽管两封信都非常失礼，但我们多数人都会认为第二封要比第一封更加令人愤慨。这两封信更能说明公司的素质，而非应聘者的素质，但第二封信却对应聘者的个人品质只字未提，仅以集体身份为由拒绝了他。为何我们会认为第二封信更加失礼？为何黑人会觉得第二封信更冒犯他？一个可能的答案是，第一封信的内容可以算作是以合理理由拒绝了应聘者，而第二封信却没有任何正当理由。但单凭这一点并不足以解释这一现象，假设第二封信含有以下内容：

> 过去，我们发现非裔美国籍员工的盗窃行为要比白人员工多 20%。

这似乎提出了拒绝应聘者的正当理由，但其冒犯程度并不亚于不含这句话的信件，甚至有过之而无不及。这是因为，以种族为由拒绝一名应聘者会造成集体侮辱。其侮辱对象不仅仅是个人，还有其集体身份，这是集体情感强于个人情感的另一个例子。

集体情感在个人层面是否理性？通常是不理性的。沃尔特一时迷上了纳粹集会，从中并无多少收获。理性而自私的员工也理应更加在意个人批评，而非种族主义倾向的批评。但集体情感的理性在于另一个层面，集体情感在集体层面是理性的，以集体为单位，其各个成分若能拥有集体情感，整个单位会取得更好的成绩。影响集体（而非基因）的进化力量可以塑造集体情感，下一章将探讨这种进化形式。

第十一章

不利条件原理、十诫
以及保障集体生存的其他机制

接受范围最广的进化模式有两大核心要素：突变和选择。突变导致代代相传的生物体特征发生随机的变化。选择是让“有益”的突变在种群内传播，让“有害”的突变缓慢消失的机制。具备优良特征的个体生存能力要强于无此特征的个体，从而确保前者能繁衍更多的后代。

我们总是认为进化的力量就是塑造个体（或基因）的特征，但变异和选择也影响着社会的演变。具备良性特征（如维持凝聚力的社会结构与价值观）的社会繁衍力要强于缺乏这些特征的社会。后者往往会在战争中落败，遭到个体遗弃。

生物学界和社会学界的研究者越来越倚重于使用群体进化的模式来研究动物和人类的社会结构，该领域所建立的两个主要进化模型即群体选择和亲缘选择，二者的差异远远不止名称不同这一点：二者的使用有时会得出截然相反的结论。

比如人类是否有朝一日能将平均寿命延长到 1 000 岁的问题，根据亲缘选择模型，这是很有可能的。突变会带来随机的基因变化，假以时日，这些基因变化会让人类对几乎所有已知疾病免疫。而没有寿命延长基因突变的人会逐渐灭绝，只留下 1 000 岁寿命的人。

从群体选择的角度来看，这样的进化是天方夜谭。若每个人的寿命都达到了 1 000 岁，社会便无法从世代变迁中获益，发展便会“停滞不前”。

由于人口暴增，这样的社会会一直为资源短缺所困，战争频发，死难者会远多于我们如今这个平均寿命只有 80 岁的社会。

然而，研究者对群体选择模型是否合理争执不下。反对者认为，将社会或群体视作有自主性的个体存在根本性的错误。根据这一观点，只有拥有基因构成的动物（或人类）个体，才可被视作受进化压力影响的个体。

我认为这一观点太过死板，因此“怎样才算个体”的问题属于哲学范畴，没有统一的定论。以蚁群或珊瑚为例，就此二者而言，怎样才算“个体”很难说一目了然。在很多情况下，将整个蚁群看作单一个体，要比将它看作由单个蚂蚁组成的族群更有研究价值，珊瑚群与构成珊瑚群的珊瑚虫也是同理。

实际上，人体也可被视作由体内单个细胞构成的群体，这一观点在医学领域得到了日益频繁的应用。科学期刊上有文章利用博弈论模型分析了生物体内细胞之间的竞争，从而成功阐释了多种病理现象，包括癌细胞的生长。

利他主义是社会学家（包括经济学家）和生物学家所研究的一大争议问题，亲缘选择可以解释为何个人愿意为救亲人（如兄弟姐妹或子女）牺牲自己。该类利他主义行为之所以能延续下来并在种群内传播，是因为家庭成员基因相似，让亲人活下来实际上就是让基因得以延续，而基因的延续又相当于行为特征的延续。

但真正的利他主义行为是个人帮助并无血缘关系的他人，这种现象又如何解释？乐于助人的道德准则（帮助对象并不限于家人）几乎世界通用，在所有文化和宗教中都可以找到这一条。个人乐于助人、与他人休戚与共的行为有何优势？助人为乐带来的心理回报并不足以解释这一现象。付出有助于个人的生存，积极的满足感是这一点的表现，正如（适量的）糖分对我们的生存必不可少，而吃甜巧克力的愉悦感正是这一点的表现。但在以上两种情况中，满足感均非原因所在。

（虽无血缘关系却仍会）帮助其他个体的愿望在其他动物身上也存在，并不仅限于人类。前一章描述的“克鲁格之战”就是极佳的现实例子。原产于中东沙漠地区的阿拉伯鸫鹛是这一现象的另一个例子。鸫鹛群有着错综复杂的社会结构，它们以“公社”为单位生活，有集体睡眠区，成年鸟在此共同负担哺育鸟群内所有雏鸟的任务。它们相互帮助，共同孵卵，为雏鸟觅食，共同保护整个鸟群的雏鸟窝免遭袭击。实际上，每只成年鸟均牺牲了哺育直系后裔的机会，为整个鸟群做出了巨大付出。是否有可能这一切仅仅是因为鸫鹛帮助其他同类能获得心理上的鼓励?

对于帮助其他个体的行为特点何以会出现，亲缘选择模型和群体选择模型均可做出解释。对于人类与鸫鹛来说，帮助其他个体均可获得个人回报，具体形式为提高生存概率。社会中的利他主义行为会促进互惠模式的形成。在提倡互惠（及乐于助人）的社会中，爱占便宜之人没有容身之地，不以助人为乐的人会遭到社会排斥，从而减少生存机会。反之，乐于付出的人往往也能收到回报，得到他人的帮助。

利用功能性磁共振成像进行的研究表明，对于社会排斥，大脑的反应区域与反应程度均与其对疾病和严重危险的反应相同。换言之，社会排斥与实际威胁会造成相同的痛苦反应。

当然，人类社会与鸫鹛鸟群之间也存在差异。鸫鹛鸟若是一心只顾哺育自己的雏鸟，就不会得到其他同类的帮助，并有可能会被逐出鸟群。由于鸫鹛的集体生活结构和相互之间的紧密合作，每个个体的行为均处于严密、有效的监视之下。

相比之下，人类社会的集体性较低，个人化程度较高。因此，人类很难监视同类的利他主义行为，而鸫鹛却可以相对容易、系统地做到这点，这削弱了人类利他主义的付出行为所带来的优势。

曾有人尝试过建立集体性与鸫鹛相当的人类社会。在20世纪60年代的“嬉皮”文化时期，此类公社在美国比比皆是。直到90年代，以色列的基布兹①集体农庄还设有集体儿童寝室。长久以来，人类公社自给自足的努力多以失败告终，这表明鸫鹛式的生活方式并不符合人类天性。

鸟类利他主义行为的另一个例子是椋鸟的行为。与鸫鹛相反，椋鸟会小心翼翼地保护配偶和幼鸟。它们不会哺育其他椋鸟的幼鸟，遇到任何对手企图抢走其配偶，均会做出激烈的回击。但椋鸟在遇到外部威胁时，表现异常勇敢，如有捕食者迫近椋鸟群，发现捕食者的第一只椋鸟会发出尖厉的鸣叫，以警告鸟群中的其他椋鸟。对于主动警告其他同类的个体，自私地讲，这样做不仅浪费体力，还吸引了捕食者的注意，因而将自己置于更加危险的境地。

动物学家认为，该类利他主义行为与鸫鹛鸟的利他主义行为分属于不同的类别。椋鸟的行为与“不利条件原理”有关，该原理由阿莫茨·扎哈维②首先提出[1]，认为动物（尤其是雄性动物）会以自残或有意犯险的方式，向潜在的配偶展示自己的基因优势，从而击败对手，增加成功交配的机会。扎哈维最初提出不利条件

① 基布兹，以色列的一种集体社区，过去主要从事农业生产，现在也从事工业和高科技产业。——译者注

② 阿莫茨·扎哈维，以色列进化生物学家。——译者注

原理是为解释孔雀尾屏的进化发展。孔雀的尾屏令人叹为观止，然而这尾屏却非常沉，而且在孔雀的天然栖息地也不会带来任何实际优势。实际上，孔雀尾屏累赘之极，甚至造成了不便。

既然已知孔雀的尾屏实际上是不利条件，动物学家自然就会思考为何尾屏没有早早遭到进化淘汰。对此问题，扎哈维给出的答案可谓巧妙新颖：孔雀尾屏的优势恰恰在于其本身是不利条件。有一条长长的尾屏是一种华而不实的体征，并非所有孔雀都有资格拥有，只有最强壮、最健康、最聪明的孔雀才能克服沉重尾屏的拖累，敏捷利索、轻松自如地走动，尾屏大实际上是力量、健康和智慧的标志，可以吸引雌孔雀。雌孔雀寻觅强壮、健康、聪明的配偶，以将这些基因传给后代，从而提高其存活概率。尾屏又长又沉的孔雀所获得的回报是和多只雌孔雀有风花雪月的生活，同时将这些基因传给幼孔雀，提高其存活概率，这样的孔雀所生育的雄性后代自然也会有又长又沉的尾屏。

我的同僚雅伊尔·陶曼在研究中利用不利条件原理来解释高科技创业公司的创始人为何要在完成学业前辍学，甚至不顾大学学业是否已经临近结束。[2]微软创始人比尔·盖茨和脸书创始人马克·扎克伯格均从哈佛大学辍学，仅仅是较为突出的两个例子。根据陶曼的模型，此类人对自己的才能心知肚明，认为辍学会构成优势，因为这本身对其虽是“不利条件”，却能以此向潜在投资者发出积极的信号。实际上，他们所传达的信息是，他们对自己所持理念笃信不移，以至于放弃学位带来的就业优势也在所不惜。

不利条件原理也解释了椋鸟所表现出的利他主义倾向。椋鸟不会趾高气扬地炫耀华而不实的尾屏，它们的炫耀方式是尖声鸣叫，帮助鸟群躲避捕食者。椋鸟越接近捕食者，发出的警告声越尖厉，其展示优势基因的效果就越佳，从而增加了吸引潜在配偶的机会。

在这方面，人类与椋鸟并无不同。几年前，我的侄子罗伊志愿到精英部队服役，该部队有着严苛的入伍要求。他和部队的朋友完成了严格、苛刻的训练课程后，想在特拉维夫的俱乐部办一场盛大的派对以示庆祝。为了预订一晚派对的场所，他们走遍了各家俱乐部，想把价格尽量压低。他们当然谈到了划算的价格——城内最大、最奢华的俱乐部之一不仅提出免费为他们举办派对提供场所，还送了该部队内每名士兵一份厚礼，其所要求的唯一回报就是士兵能同意让公众付费参加派对。当晚，俱乐部以收入场费的方式大发其财。成百上千的年轻女子现身派对，以期邂逅一名勇敢、健壮的精英部队士兵，大量女士的到场也引来了数量相当的年轻男子。

或许有人会断言，无论是椋鸟还是人类——如志愿加入危险部队的士兵——均未表现出真正的利他主义情怀，因为他们对自己能获得的回报一清二楚，而真正的利他主义只讲付出，不求任何回报。实际上，有生物学家认为，纯粹的利他主义在自然界并不存在，也不可能存在，因为任何行为只要无法为行为者带来优势，最终就会因自然选择而销声匿迹。按照进化论观点，强迫症式的利他主义者，即只求付出的人（确实有这样的人），无法存活于世，因为他们会为了救别人而犯险，却拒绝接受别人对他们施与的救助。

然而，在遗传杂合度极低的社群中，纯粹的付出行为可在基因层面得到合理的进化论解释。在此类社群中，对社群内的其他成员施以帮助类似于帮助女儿或兄弟。根据这一理论，在基因构成单一的种群内，救他人一命就相当于自救，因为你实际上是在让自己的基因遗传得以延续和扩散。这一解释是否适用于椋鸟的利他主义行为，研究者众说纷纭，但以此来解释蚂蚁和蜜蜂等社会性昆虫的行为，却得到了广泛的认可。这些昆虫早已失去了个体繁衍的能力，转而忠诚地服务其蚁后或蜂后。应当注意的是，利他主义与付出在种族单一的人类社会中更加普遍。

之前，我曾受邀访问挪威奥斯陆大学。挪威政府资助了一项研究，研究的重点是综合比较斯堪的纳维亚式的经济体系与其他发达国家通行的偏向于自由市场导向的体系。该项研究在政治上并非绝对中立，我的印象是，挪威政府意在向自己、国民及全世界证明斯堪的纳维亚式的平均主义体系有其优势。

实话实说，但凡去过挪威或瑞典的人，都会发现斯堪的纳维亚式的道路无可指摘。斯堪的纳维亚国家经济强盛，卫生和教育体系十分完善、全民免费，贫困或犯罪现象已近绝迹。斯堪的纳维亚国家的税收水平位居世界前列，但偷税漏税的现象却少之又少。

对方征询意见时，我回答说需要研究的问题其实是斯堪的纳维亚式体系之所以能大获成功，究竟是因为体系本身还是因为选择该体系的公众。我认为，斯堪的纳维亚式体系很难照搬到其他国家。无论是以种族论还是以文化论，斯堪的纳维亚国家的单一性远高于多数西方国家。历史上，它们从小规模的维京部落演变而来，这些部落有着平均分配的传统，久而久之扩张至国家的规模。

有的国家（如美国）须应对更加多样的种族和文化构成，斯堪的纳维亚式的经济体系难以推行，因为实施这种体系需要大量的跨种族与跨文化付出行为。美国国家经济研究局最近进行的一项研究调查了美国各街区的社区慈善捐助情况。一个街区的种族多样性与社区慈善捐助数额呈反比，街区内的种族多样性上升10%，社区慈善捐助数额则会相应地平均下降14%。[3]

对于利他主义的付出行为为何会在种群内传播，基因层面的进化论解释以三点要素为依据。

其一是威慑。缺乏团结意识或不愿帮助他人的个体会被排挤出社交活动，从而付出沉重的个人代价。在早期的人类游猎采集社会中，这一代价就相当于必死无疑。成功的狩猎行动需要一群狩猎者密切配合，在游猎采集社会中，在狩猎中拒不合作或拒绝与他人分享的人很快就会因饥饿而死，繁衍后代的机会渺茫，因此此类行为特征会逐渐绝迹。

其二是不利条件原理。引人瞩目的付出行为本身能提高个人繁衍后代的机会。

其三是在种族单一的环境中，向他人付出可以达到传播利他主义者基因的目的。

对于利他主义行为在进化过程中的延续，群体选择模型给出的解释顺理成章、直截了当、易于理解。该模型认为变异和选择作用于群体层面，而非个人层面（或基因层面）。在道德上不重视互助的群体会先于敌对群体灭绝。

试想两个部落为争夺重要自然资源的控制权而爆发了战争，一个部落有着严格的道德律令，规定其成员必须互相帮助，而另一个部落则相信所有人都应该好自为之，孰胜孰负不难预测。然而，须谨记的是，即便是在群体层面，利他主义原则也要适度才有益。一个部落若是遵循人人时时都应舍己为人的道德准则，其灭绝之日会早于利他主义准则不这么一概而论的敌对部落。

宗教之所以会在人类历史上形成一股强大的势力，原因之一是宗教产生的社会凝聚力有益于其信徒群体。十诫就是这一原理的极佳示例。十诫先是确保了世界上人数相对较少的犹太人群体能存活至今，后又保证了人数远多于犹太人的基督教徒和穆斯林群体幸存下来。并非巧合的是，十诫的内容几乎全部以宗教或社会戒律的形式在世界各地得到了广泛采纳。

就核心部分而言，十诫的作用以三个机制为基础：（1）保证族群的实体存在及社会凝聚力；（2）鼓励生育；（3）形成阻碍成员离弃族群的因素。

十诫前三条旨在确立该道德准则高于其他准则的至高地位。当然，对待戒律越认真的族群越有可能遵循这些戒律行事，存活概率也越高。后七条建立了一份社会契约，对盗窃、通奸和谋杀行为予以禁止，同时倡导建立互惠互利的家庭及邻里关系。

许多此类戒律对社会福祉的重要性不言自明，但有几条值得深入分析。第四条为“当纪念安息日，守为圣日”。这一条对族群的维护起着重要作用。安息日为休息日，个人在当日的关注重点不在于自身，而在于集体，族群的凝聚力因此得以维护。该条戒律对“他人”的概念有明文规定：“你的儿女、仆婢、牲畜，并你城里寄居的客旅。”该条戒律也鼓励在族群内建立经济关系，减少个人背弃族群、加入外族的风险。该族群的员工会在同族的老板手下谋职，因为后者也遵守安息日休息的戒律，会给员工在当天放假。同理，若老板不遵守安息日戒律，因而可能会让员工在安息日工作，这名员工会很难在其手下工作下去。这使得社群内的成员相互依赖，减少了族人离弃族群的概率。

第五条为“当孝敬父母”。这一条有别于其他戒律，是唯一一条允诺回报的戒律。其向信徒允诺的回报即“使你的日子得以长久”。这形成了非常巧妙的社会机制——隔代契约，其作用就是有效地鼓励生育。

乍看起来，或许难以理解孝敬父母何以能达到维护群体生存的目的，以及为何遵守此条戒律的人应该得到长寿这种令人向往的回报。年迈的父母在身体机能长期衰退后，需要别人的孝敬与帮助。从纯粹的进化论角度来看，为了你本人基因的延续与族群的生存，你或许应该将时间与精力全部投入子女身上，而非照料父母。你甚至有可能会认为，照料父母还不如对他们弃之不顾、让他们自生自灭对族群有益，因为年迈的父母耗费珍贵而有限的资源，反过来却对族群几乎毫无贡献。他们无法保护现有的一代，也无法生育下一代。

事实证明，这种想法并不正确，允许仇视甚至漠视年迈父母的道德准则会遏制人们的生育欲望，从而威胁到族群的存亡。于是，“让你的日子得以长久”这种回报的真实含义几乎不言自明：孝敬父母，等你老了，你的子女才会孝敬你。这种隔代契约与退休金制度如出一辙。我们劝成年的子女去探望祖父母，询问他们的健康状况，实际上就是在或有意或无意地提醒他们这种隔代契约也适用于我们。简而言之，第五条不仅是确保父母得到照料的方式，也起到了鼓励生育的作用，而不生育，族群就难以为继。

除了十诫,《圣经》和《塔木德》[①]中还有许多其他规定和律法意在维护族群的凝聚力和稳定性。犹太人散居世界各地，没有自己的国土，置身于更广泛的文化环境中，面临着种种背弃本族而融入当地的诱惑。因此，这种律法也就尤为必要。

在这方面，规定犹太食品的律法就是一个很有意思的例子。很多人认为，这些律法意在保护犹太人免于接触来源不卫生的食品，但其真正的目的却是维护族群凝聚力。几乎所有文化和时代都将进餐视为集体进行的重要社交活动。犹太食品律法严格限制了犹太人与非犹太人共同进餐的机会，从而限制了犹太人与非犹太人的一般社交活动。这本身就大大减少了接触外部诱惑、背弃本族的概率。一律禁止犹太人与非犹太人共同进餐可能会引起不必要的敌对情绪。对可食用食物建立一套错综复杂、看似随意的律法可以以更加微妙的方式限制接触。

以上分析的依据是群体选择的进化模型。但对于所有进化模型（包括建立在群体层面而非个人层面的模型）来说，除了选择之外，变异也不可或缺。在群体选择模型中，变异的作用是确保群体的准则和行为不会永远停滞不前。

在不断变化的环境中，这一点尤为重要。包容少数民族、公开抗议、离经叛道行为和言论自由的自由社会可以让变异发挥积

---

① 《塔木德》，犹太教口传律法的汇编，其地位仅次于《圣经》。——译者注

极作用。变异有利于族群适应多变的环境。人类历史上，许多重要的社会变革均起因于背离社会准则的反常行为。严酷镇压所有改革活动的原教旨主义社会阻碍了社会变异的作用。这样的社会丧失了随着环境变化而改变准则和价值观的能力，严重减少了在社会基因竞争中生存下来的概率。

第十二章

懂得如何付出，亦要懂得如何接受

满满半盘霍伦特

近年来，有数项已进行的研究旨在让我们更加了解无私付出、不求回报所经历的心理过程。在这一领域，最有意思的研究之一由我的两个朋友尤里·格尼茨和阿尔多·拉切奇尼主持。[1]

物质诱因一定可以提高人们做事的积极性，这是被普遍认可的经济假说。关于该假说，略委婉的一个说法是，诱因绝不可能降低积极性。格尼茨和拉切奇尼意在验证该假说的真伪，为此他们做了一项实地实验。实地实验有别于实验室实验之处是，其实验环境是受试者在日常生活中进行交际的正常环境。在很多情况下，受试者甚至不知道他们在参加实验。实地实验的优势在于，人们普遍认为其结果比实验室实验的结果更有说服力。另一方面，在实地实验中，对于受试者所处的环境，实验人员的掌控力往往远小于实验室实验。在很多情况下，实验人员可能对与实验有关的部分人员一无所知。本章将介绍格尼茨和拉切奇尼所主持的两项实地实验。

在其中一项实验中，格尼茨和拉切奇尼跟踪了一群儿童的活动。这些儿童参加了一项强制性的高中项目，挨家挨户为贫困青少年募集捐款。这群儿童分为两组。A组为对照组。实验人员按通常做法告知该组儿童，他们所募集的捐款将全部计入中央慈善基金，分给有需要的人。实验人员告诉B组儿童，他们每人可从所募集捐款中抽取20%作为其所花费时间与精力的报酬。两组同时出发，同时返回。

结果在意料之外，情理之中。劳有所得的儿童所募集的平均数额远低于对照组儿童。金钱诱因降低了积极性，这有悖于金钱诱因只会增加做事积极性的一般假设。

很多人想必可以猜到实验会有此结果。我们对心理回报与物质回报之间的关系有何直观认识，这才是其所揭示的主要现象，而非儿童的行为模式。B组儿童一旦得知他们是劳有所得的，行善事、参加救济穷人活动所获得的心理回报和满足感便无可挽回地遭到了削弱。这项任务从志愿行善，变成了有偿的工作。而就工作而言，其报酬微不足道，不值得如此辛劳。假如从一开始，这就被当成工作介绍给这些儿童，他们想必会连工作和报酬一道拒绝。而既然别无选择，只能接手，他们便敷衍了事，结果自然也不尽如人意。

我的朋友丹·艾瑞里用以下比喻来描述B组儿童所处的情况：你邀请两位朋友来家里度过了一个非常愉快的夜晚，末了你们握手拥抱、互致晚安，客人告别之际，对方的妻子向丈夫略作暗示，丈夫便拿出钱包，转向你问道："我差点忘了，这顿丰盛的晚宴我们应该付给你们多少钱？"

对利他主义行为的金钱诱因可能会减少心理积极性。同理，对自私行为处以罚金实际上也可能会减少我们原本所感到的于心不安，进而使得我们的行为更加自私，这就是格尼茨和拉切奇尼第二项实验的课题。在该实验中，海法市的托儿所须记录下每个月家长在傍晚接孩子迟到的次数。

以此作为基准数据，实验人员提出对迟到的家长按月进行罚款，以观察罚款对其行为的影响。将每名家长每个月的迟到次数和时间叠加，乘以合理费率，即可得出应收罚款。第二项实验的结果与第一项实验相符。罚款使得迟到次数不降反升。既然现在家长要为孩子在下班之后滞留托儿所的时间付钱，他们便认为这段时间等同于"付费托儿服务"。这消除了他们此前迟到时感到的良心不安与愧疚感。

格尼茨和拉切奇尼的实验得出的发现对于理解机构与私企的行为至关重要。然而，我们却甚少利用这些发现来建立有效的诱因机制。在个人层面，朋友间的关系往往非常注重对金钱等方面的恩惠斤斤计较，所有人都要尽快报答恩情。在多数情况下，这并非因为真心想做慷慨之人。恰恰相反，实际上这是一种自私的特征。由于社会认为应该有恩必报，接受恩惠的人便会努力尽快偿清累积起来的“人情债”，甚至不惜破坏恩惠施与者从这种施与行为中获得的满足感。如果人们能有意识地考虑到施与者和接受者双方的需求，亲朋好友之间的人情往来往往会变得顺畅和稳定得多。

在我儿时，我们全家每逢节假日都会去外婆在耶路撒冷的家里聚餐，我母亲的七个兄弟姐妹也会携家人到场，主菜每次都是文火慢煨而成的传统犹太炖菜——霍伦特。母亲的姐妹——包括我母亲本人——每人都会预先准备霍伦特的一道配料。然后，所有配料都会被倒入大锅里炖，端给外婆一居室里的四十多个客人品尝。

由于每个人都习惯准备双倍于所需的分量，以至于我们大快朵颐之后，霍伦特还剩半盘，剩下半盘怎么分就会引起一番争论。起初，每名姐妹都会不厌其烦地解释自己为何一勺也不可能带回家——正在节食，家里的冰箱一点地方都没有了，等等。

在这一阶段，最常听到的论调是：“让我拿走，最后就会丢进垃圾箱。”

第二阶段会开始一本正经地协商：“马蒂尔达，你这么做真的不好。上次，我把剩菜都拿回家了，这次你要是不把我准备的菜拿回去，我就不理你了。”

到了第三阶段，妥协终于达成："好吧，你要是能带走那边的米饭和豆子，这边的菜我就拿走一些。"

我们都爱吃霍伦特——里面的每道配料都喜欢。但相比于付出带来的满足感，吃霍伦特带来的愉悦感就微不足道了。我们对付出有着极高的需求，甚至不惜爆发口角。有时，这些口角会延续数周，每个女人心里都清楚记得哪个姐妹一年前拒绝带走哪样剩菜。

某次，关于剩菜分配的客套话刚刚开始，大家又像往常一样纷纷喊道："我真的什么都不能带回家！"但雷切尔姨妈却一反常态，没有参与进来。马蒂尔达姨妈旋即注意到了这点，马上利用了这次意想不到的开场：

"拿着，这些东西你必须拿走一些。"她一边对雷切尔说，一边把两大袋胀鼓鼓的剩菜塞到她手中。

雷切尔接过了袋子，简单地说："太好了，非常感谢。"

屋子里顿时陷入哑然无声的状态。我们都看着雷切尔姨妈，仿佛她失去了理智。黛娜姨妈忧心忡忡地挪到我母亲身边，冲她耳语称，或许摩西姨父（雷切尔姨妈的丈夫）的木工店遇到了财务困难，他们全家人肯定在省吃俭用！

摩西向在场的所有人澄清，他的木工店生意比以往还红火，家庭的财务状况也很殷实，谢大家关心。姐妹们这才渐渐地明白过来，雷切尔同意把剩菜带回家，是帮了马蒂尔达的忙，而非马蒂尔达帮雷切尔的忙。

这改变了一切，从此家庭霍伦特聚餐的氛围冷清多了。每次聚餐结束后，仍有一半的菜要分，但分配方式公平了许多，每个姐妹都乐于谦让，有时也乐于接受。

当然，有关霍伦特的故事重点在于，如果说付出本身是奖励，接受有时即是一种施惠行为。假如我的姨妈单纯从经济角度进行协商，每个人都理应愿意尽量多往家里带炖菜，可能还会抢得一点不剩。雷切尔姨妈用一种善解人意、富于感性的方式，绕过了整个问题，反而达成了人人受益的解决方案。

第三部分

论爱与性

第十三章

求爱喷雾

论建立信任、消除猜疑的激素

催产素是哺乳期妇女和吃奶婴儿所分泌的一种激素。在灵长类动物身上进行的研究表明，催产素是母子之间在产后立即建立起纽带的原因。此后，他们才会建立更深层次的关系。两性在达到性高潮时也会分泌这种激素，催产素因此得名“爱的激素”。催产素是一种奇妙的进化机制，提高了新生婴儿的存活概率，从而让基因能够代代相传下去。

怀胎九月，初为人母，却能马上打起精神照顾新生的婴儿。尚无己出的时候，很多人会对这种能力惊叹不已。分娩的经历往往苦不堪言，令人精疲力竭，但刚分娩完的母亲虽尚无机会同孩子建立感情纽带，却能马上照料起孩子来。

之所以能做到这一点，是因为灵长类动物——包括人类——的进化发展让雌性动物产生了一种激素，这种激素使得母子之间所建立的纽带完全出自本能。婴儿甚至因此在呱呱坠地几分钟内就懂得了找到母亲乳房的重要性，婴儿生来就有着吮吸母乳的本能。

催产素还与两种已知的发育障碍有关。催产素失调，尤其是脑部催产素分泌不足，是孤独症谱系障碍患者身上的典型症状。患有孤独症谱系障碍的儿童在对他人产生共情、理解社会环境和信任亲近之人方面存在困难，催产素分泌不足就是原因之一。

另一种神经疾病的患者身上可出现相反的症状。该疾病极为罕见，名叫威廉姆斯综合征[①]。其典型症状为多种生理及心理障碍，包括心脏疾病、消化道疾病和高血压。患者的智商水平一般仅为60~90，但社交技能却非常出众。他们表现出的共情水平和识别他人情感的能力要远远优于正常人。他们还愿意信任他人，甚至包括素不相识之人，这种信任几乎是盲目的。患有威廉姆斯综合征的儿童会向身边的所有人表达爱意，这使得他们易于遭到性剥削，因为他们体现出的过度信任和取悦他人的欲望让他们很容易成为恋童癖的下手目标。神经病学家认为催产素分泌过度或许是造成威廉姆斯综合征患者出现这些社会行为的原因之一。

既然催产素对母子纽带的建立起着重要作用，且与社交技能发育障碍有关，由此可以合理推断，催产素也会影响健康成年人

---

① 威廉姆斯综合征，基因排列失常而造成的先天性疾病，患者一出生，体内的7号染色体就少了20多个基因。——译者注

的社会行为。

小剂量摄入人体时（摄入方式通常是用滴鼻剂，类似用以减轻普通感冒症状的滴鼻剂），催产素是一种无害的良性激素。苏黎世的实验人员安排两组受试者进行信任博弈：一组受试者在博弈前滴入了一剂催产素，而对照组则滴入一剂安慰剂。安慰剂除不包含有效成分之外，其他成分均相同。结果明确无误：摄入催产素一组的成员有着极高的合作程度。其合作在博弈双方身上均有体现：提议方让出的份额更多（相比于对照组，他们对对手的信任程度更高），接受方从所得中返还给提议方的份额也更高（他们更加慷慨）。

催产素也可能仅仅是放松了实验受试者的情绪，从而间接增加了他们的合作意愿。为了排除这种可能性，实验人员用酒代替催产素来放松受试者的情绪，重做了一遍实验。酒确实起到了让受试者更加放松的作用，但对其所表现出的信任或慷慨程度却毫无影响。

尽管有着各种各样的神奇之处，催产素却也会产生负面影响。最近，我与两名学生埃那夫·哈特和什洛莫·伊斯雷尔所做的一项实验表明，催产素会削弱我们识别他人意图的能力。[1] 在实验中，我们用到了第三章和第四章所讨论过的电视竞猜节目《平分或偷走》。实验受试者观看了该节目的视频片段。在实验过程中，他们须根据节目选手在选择平分或偷走之前进行的简短对话，猜测选手的行为。一组受试者摄入了催产素，而对照组则摄入了安慰剂。受试者无法分辨出他们摄入的是催产素还是安慰剂，但摄入催产素的受试者猜测《平分或偷走》选手行为的正确率却远低于对照组受试者。对比两组的反应时间后，我们发现摄入催产素的受试者仓促地做出猜测，对此所投入的精力远少于对照组。为何催产素会有此作用显而易见，我们在对周围人有所猜疑的时候，才会异常投入地揣测他人意图。由于催产素有减轻猜疑、增加信任的作用，它使我们更容易为他人所操纵。

催产素的作用有好有坏。因此，这种激素的使用或有可能成为一种危险的操纵手段。一款名为“信任水”的喷雾现已上市，其有效成分就是催产素。根据宣传，这款产品是在市场交易中影响买家决策的化学品。“信任水”网站对其的描述是，适用于销售人员、寻觅爱情的孤独人士以及想影响工作环境或谋求快速晋升的经理和员工，该产品的广告承诺“让世界尽在掌握”。是否有切实可行的办法可以从法律上禁止使用催产素？由于催产素无味无臭，直接喷入空气后基本无法检测，禁用催产素的法律要如何有效推行，尚不清楚。

对于目前针对催产素进行的实验所得出的结果，乐观的看待方式是注意到催产素可以提高人与人之间的合作概率，并以此改善许多经济往来和社会交流的效果。但此事有利也有弊，假设代表两国的谈判员就存在争议的政治纠纷进行谈判时陷入了僵局，于是决定（自愿而非迫于外部压力）使用催产素，以期改善谈判氛围、增进信任。再进一步，假设谈判确实达成了卓有成效、令人满意的协议，而原因之一（但并非唯一原因）就是催产素的使用。公众会认可这项协议的合法性吗？我表示怀疑。双方的协议反对者会不无道理地宣称，谈判员在药物的影响下做出了让步，而在完全清醒的状态下，他们绝不会考虑让步。

姑且不论这些假想的情景，催产素确实表明人的感觉与思维之间存在明白无误的联系。它提醒人们，人体内的激素平衡甚至会影响严谨的认知过程。因此，所有的思维在某种程度上，都是感性的。

第十四章

论两性与进化

迷思真伪之辩

对于我们的直系基因延续，爱与性无疑是最重要的情感现象。在丹尼尔·卡尼曼及其同事所做的幸福感研究中，不出所料地有近 80%的受访者表示性与爱是其在生活中获得幸福的最关键因素。[1] 本书所探讨的其他理性情感对进化生存之所以重要，是因为它们可以提高我们对环境的适应能力及个人的生存机会。但爱与性却让我们得以生儿育女，直接有助于我们的基因延续。

对于多数动物来说，爱都不是繁殖所必需的机制，仅是性交便已足矣。所谓性交，通常涉及短暂的性行为，往往是每个配偶一次，雄性基本或完全不承担抚育后代的责任。

很多人或许也认识持这种性关系态度的人。但多数人类所表现出的性行为模式均有别于此。婚姻制度几乎是普世的文化现象，突出表现了人类对爱与性较为典型的态度。养育孩童是漫长而复杂的过程，需要双亲共同抚养。人类性行为之所以有别于多数动物的性行为，便与此有关。

婴儿出生后，需要整整一年以上的时间才能学会走路，而羚羊出生后不到两天就能站起来走路了，母马在分娩后不到半天的时间就能看到刚出生的小马驹迈出第一步。

羚羊和马科动物的平均寿命短于人类的寿命，但仍然长达30岁。人类将孩童抚养到完全无须成人看护和指导的地步所需时间占现代人类平均寿命的20%。直到200年前，其所需时间仍占平均寿命的30%。人类未成年期占平均寿命的比例之高，几乎没有其他动物可以比拟。

从进化论角度来看，子不生孙，生子便毫无意义。子女到独立成人的年龄才能延续父母的基因。如果幼年期相对于父母一方寿命的比例低到一定程度，所需的资源投入相对较少，母亲便可以理所当然地独自抚养后代。幼年期越长，抚育子女所需投入的资源就越多，让父亲分担抚育子女的责任就越发重要，从而让后代长大成人也（在基因层面）有益于父亲一方。

前几章探讨了社会情感在建立承诺的过程中所起到的作用。例如，愤怒有助于我们发出可信威胁。反之，爱可以对伴侣建立利他主义行为的可信承诺，这种承诺是父母共同抚育后代的前提。从男性角度来看，伴侣之间因爱而生的承诺增加了所抚育子女确为己出、携带基因与己相似的概率，避免所抚养子女实为配偶与情人所生的情况。基于稳定的一夫一妻制关系所形成的爱与社会结构，根源于父母为保证后代顺利存活所投入的大量精力。

父母通常会同时抚育不同孕期所生育的子女。这种现象在其他动物身上并不典型，动物的幼崽会在母亲再次生育之前离开母巢。我的同事莫迪·佩里与人合著的一篇优秀论文利用博弈论模型证明了这一现象和伴侣之间的承诺一样，也是常见的人类家庭结构形成的原因。[2]若无此类承诺，男人永远无法知道他们辛勤工作赚来的食物给了配偶之后，是用来喂养自己的孩子，还是喂养配偶以前为其他男人所生的孩子。

人类的幼年期非常漫长，这是因为儿童除了像所有动物一样需要在未成年期经历生理及认知的发育，还需要学习复杂的社交技巧。鲜有动物会从一而终，结成长期而稳定的伴侣关系（仓鼠和狐狸是两个值得注意的例外物种）。绝大多数动物都有着人类所谓“荒淫的性生活”，以随意的性行为为主。其性交行为的唯一目的就是繁殖。这些物种进行性行为的依据是雄性之间激烈乃至惨烈的“精子竞争”，以及雌性对雄性交配活动的选择性接受，只有在雌性看来最合适的雄性才能成功交配。

雄性之间的精子竞争有何具体特点因物种而异，且取决于其进化发展的程度。例如，雄蜂寿命极短，其竞争总计只延续 10 分钟左右的时间。尚未交配的蜂王准备交配时，会进入活跃的飞舞状态，以此引来一大群雄蜂。蜂王体型较大，只有最强壮、最敏捷的雄蜂才能成功爬到蜂王背上，将精子射入其体内。雄蜂不久之后就会死亡，而蜂王则将其精子终身（多达30年）储存在体内，用以让其所产下的数百万蜂卵受精。

雄性老鼠之间的精子竞争也很有意思，主要的表现形式出现在交配行为完成后，将精子射入受精雌鼠后，雄鼠会分泌一种黏性物质，基本上将雌鼠的生殖道封住，直到精子在雌鼠体内被完全吸收，以防其他雄鼠在此期间与该雌鼠成功交配。这种做法会让人想起中世纪时期的骑士在奔赴战场之前往妻子身上锁贞操带的做法。这既提高了雄性让所交配雌性成功受精的概率，也鼓励雄性养育雌性所生的后代，因为雄性可以更加确定雌性所生幼崽是自己的。

精子竞争策略因物种而异，但总而言之，这仍是确保个体DNA（脱氧核糖核酸）延续的两种进化策略之一。另一种是“推销策略”（试想一下孔雀的尾屏和其他可用不利条件原理解释的特征与行为），该策略的用处是提高雄性个体在雌性眼中的吸引力。

由于两性之间与生殖有关的生理差异，男女两性进化出了不同的情感和性行为。男女生殖系统的不对称现象主要表现在三个方面：

1. 一个女人一生能生育的子女数目上限远低于100。（历史记录表明，单个妇女生育子女数目的最高纪录由一名俄罗斯农妇创造，她生活在18世纪，怀孕27次，育有64名子女。）相比之下，从理论上讲，一名男性可生育100 000名子女。同理，一个女人一辈子只和一个男人交配，就可以达到生育能力的上限，而一个男人则需要1 000个女人才能达到生育能力的上限。

2. 女人可以确定无疑地知道谁是亲生孩子：由其子宫孕育的孩子。男人却无法确定配偶所生的孩子是不是自己的。

3. 在生育过程中，母亲投入的精力远多于父亲，因为母亲需要怀胎9个月。

除了这三个不同点，还有另一个较为重要的生理因素存在男女差异：平均而言，男性的肌肉群数量要多于女性。

为了理解这些生理差异对男女之间的情感反应与性行为差异有多大影响，我会分析几个流传甚广的成见，逐个仔细分析。须谨记，造成两性差异的进化力量远早于女权革命和现代时期。早在人类文明出现之前，进化的力量便已存在。彼时，人们每天都要在生死线上挣扎，父母双方一旦疏于照顾，孩子便几乎必死无疑。

本章末尾会有简短的讨论段落，分析为何在现代世界，两性因进化而产生的情感与性行为差异仍然顽固地存在。

成见一：男人远比女人更容易接受无须情感承诺的一夜情。

真相：理论上讲，一个男人所能生育的子女数目是女人的1 000倍。实际上，男女所生育的平均子女数相等，原因很简单，因为每个孩子不多不少只有一父一母两个亲生父母。由此导致的情况是，为了增加生育率，男人之间要进行永无休止的竞争。从这个角度而言，长期忠于一名伴侣会降低男性基因延续的概率，因为一名伴侣能为其生育的子女数目有限，忠于对方就限制了他的子女数量。相反，女人只需一个男人就能达到生育上限，有多个性伴侣并无益处。

成见二：女人比男人更需要爱的表达。

真相：如上所述，与多个伴侣发生性关系却不建立情感承诺，对女人能生育的子女数量毫无影响。然而，这却会降低其子女的存活概率，因为如果没有在情感上忠诚于她和她子女的伴侣，她的孩子就不可能有分担抚养重任的父亲。她独自抚养子女的话，他们获得的保护和食物供给很可能不如有父亲抚养的情况。一般而言，女性在生育上付出的精力要多于男性，因为女人至多每9个月才能怀孕一次，而怀胎9个月期间，为了保胎和分娩，她需要付出大量精力。因此，女人在选择伴侣时，需要比男人慎重得多，还需确定伴侣能忠于自己和子女。

成见三：女人比男人更担心孩子的健康和幸福，而男人比女人更担心自己身上出现的健康衰弱症状。

真相：母亲“体贴、牵挂”的典型形象和刻板印象在许多文化中都很常见，这不无道理。相比于男性，女性所能生育的子女数目较为有限，因此需要在现有子女身上投入的精力就要多于男性，这就是“体贴、牵挂”的母亲形象产生的进化论根源。待所有子女长大成人，女人通常已经进入花甲之年，过了生育的年龄，其直接保证自身基因延续的任务已经结束。但该年龄段的男性却仍有生育能力，可以继续延续自己的基因。只有死亡或疾病才能限制其继续生育的能力。换言之，从基因延续的角度而言，50岁以上的男人“输不起”，这或许就是男人在晚年患有疑病症的根源。

成见四：女人比男人更容易吃醋、对伴侣起疑。

真相：要实际证明这一点的真伪几乎是不可能的。然而，这种说法在进化论中却得不到佐证。男女都有理由吃醋：对于男人来说，既然他承诺要养伴侣所生的孩子，他就要确定那是他的亲生孩子；女人则需确定伴侣不会弃她而去、移情别恋，让自己的孩子失去他的保护和抚养。

但男女两性的吃醋心理有着不同的进化论根源，因此其吃醋行为也存在差异。数项研究——包括莫妮卡·T. 惠蒂和劳拉·李·奎格利的研究——均发现，伴侣的性行为不忠会对男性造成最严重的感情伤害，而女性则更渴望保持感情的忠贞。[3] 有趣的是，对出轨行为的情感反应男女有别，这在出轨一方身上也有体现。女人和伴侣之外的男人保持深厚的感情关系（但无性关系）所感到的罪恶感要强于不涉及感情承诺的婚外性关系。相反，男人与伴侣之外的女人发生性关系所感到的罪恶感要强于纯感情关系。这会导致许多夫妻在对事实看法一致的情况下，仍对一方是否出轨或吃醋是否有道理存在分歧。

成见五：男人比女人更有可能出轨。

真相：几年前，在美国进行的一项有趣研究通过对新生婴儿进行DNA检测，发现有5%~10%的新生儿并非出生证上所列父亲的亲生孩子。[4] 这些人大多完全不知道自己所养的孩子其实是别人的。然而，这项数据无法解答男人出轨是否多于女人的问题。男人要达到生育能力上限所需的性伴侣要多于女人，这或许是导致男人更容易接受出轨机会的原因，但这并不一定意味着实际的出轨行为更多。

假设将某个镇子的所有男人按对异性的吸引力排序，从最风流倜傥的美男子到你所见过的最邋遢丑陋的男人一一排列。这么做显然并不现实，但为了方便进行思维实验，假设所有女人对这些男人的吸引力均有相同的喜好标准。此外，为了论证起见，假设在这个虚拟的镇子里，每个男人都有一个妻子，每个女人都有一个丈夫。

现在请思考这些男人中哪一个最有机会和多名女性发生婚外情？答案显然是在吸引力排行中名列前茅的那几位。他们能给身边多数女性提供和远远“优于”自己丈夫的人发生性关系的机会。女人增加性伴侣数量，也无法实际增加所能生育子女的数目。然而，她们若是和吸引力高于自己配偶的人发生关系，却能改善遗传给自己子女的基因。仅比丈夫略有吸引力的男人不太可能会诱使女人出轨，但优于丈夫许多的人却有机会。相反，男人重数量轻质量所得到的好处更多，因此往往不如女性挑剔。不是倾国倾城的美人，也能引诱男人出轨。

那么男人实现婚外情梦想的比例有多高？这一问题的答案取决于两个变量：其一，女人对周围男人的吸引力“评级”；其二，女人忠于丈夫有多大的好处。

例如，假设镇子里吸引力排名最高的男人得分为满分 10 分，其他男人的得分均为 5 分。再假设忠于丈夫的好处很少（富裕社会的情况便是如此，女人养育子女投入的资源并不依赖于男人）。在此情况之下，“通奸市场”的情况非常简单。几乎所有男人（除了排名榜首的男人）都会对妻子忠贞不贰，而所有女人都会给丈夫戴绿帽（且出轨对象均是排名榜首的人），只有一个女人例外。在此情况之下，虽然男人有多个性伴侣显然能获得好处，通奸却多为女人的追求。这种看似矛盾的情况源自上例所述的市场力量。所有男人均有通奸的念头，但实际上却只有一人能做到，而除一人之外，所有女人都给丈夫戴了绿帽，出轨对象都是镇子里最帅的男人。

诚然，这个例子太过极端，但规律却可以通用。但凡有少数吸引力排名前列的“明星级”人物受到的青睐远超排名其后的对手，出轨的女人就会多于男人。在一定程度上，富足、自由的现代社会或许就是这种情况，因为维持传统家庭结构的经济牵绊相对较弱。在传统的宗教社会中，背叛配偶的人会为不忠行为付出沉重代价，女性受到的惩罚往往要多于男性。惩罚措施轻则遭社会排斥，重则处死，这大大减少了出轨的诱惑。

成见六：男人比女人更有竞争力。

真相：2003 年，耶路撒冷希伯来大学进行了一项范围甚广的调查，以研究从学生到全职教授等各层级的男女比例。调查得出了一组耐人寻味的数据：获得大学学士学位的学生多达 60% 为女性；硕士生的女性比例还要更高，为 62.5%；但拿到博士学位的女性却占少数，仅为 46%；教职员工中的女性比例更低，仅为 33%；全职教授（最高的大学职称）的女性比例更是低到了令人尴尬的地步，仅为 11%。多数熟悉教职员工构成的人都不会对这些数字感到意外，但人们确实因此对女性比例为何会按职称逐级骤减这一问题展开了激烈讨论。

几年前，哈佛大学的一场类似讨论导致校长拉里·萨默斯[①]因就此发表的言论引起了众怒而遭到解职，而他不过是推断称各学科教职员工的女性比例过低和男女的竞争力差异有关。希伯来大学的讨论没有引起这么大的风波。学士和硕士学位获得者的男女比例数据及女性在修课期间取得的成绩确凿无疑地表明，女性具备与男同事相当的智力水平。那么，学术职称越高，退出的女性就越多，其原因何在？

有人将其归咎于女性肩负着养育子女的重任、幼儿日托服务缺失和大学教职员工升职称的门槛过高——这让刚刚产子的母亲处于不利地位。有人则谴责大学或有意或无意地歧视女性，称男性在全部为男性的工作环境中更感自在。

将矛头对准某些人或政策，并将企业机构的性别比例失调现象归咎于他们倒是省事，但在我看来，这么做是徒劳无益的。说省事是因为这会让人误以为只要实行反歧视政策并大力推行，形势就能大为改观。说徒劳无益是因为这只解决了高级职位的供给问题，而未触及需求问题。

近年来，行为经济学家进行的几项调查研究加深了我们对此

① 拉里·萨默斯，即劳伦斯·萨默斯，美国著名经济学家，曾任美国国家经济委员会主任、第 71 任美国财政部部长，因为研究宏观经济成就而获得约翰·贝茨·克拉克奖。——译者注

的认识。其中一项研究由尤里·格尼茨和阿尔多·拉切奇尼发表，表明男女两性在竞争环境中会有不同表现。[5]研究人员安排男女受试者在电脑上走迷宫，并提供金钱奖励。在研究的第一阶段，受试者成功破解一次迷宫难题所得的奖励是固定、统一的。该阶段并无明显的性别差异——男女受试者破解迷宫难题的成功率相等。

在第二阶段，奖励规则有变。成功破解迷宫难题按次等额奖励的规则遭到废除，取而代之的是按竞争比赛的成绩进行奖励的制度。换言之，选手之间会进行排名，所得奖励数额依排名高低而定。该阶段每名选手所获奖励的数额不仅取决于自己的表现，还取决于其他人的表现。在该阶段，男性的成绩大幅优于女性。不仅如此，女性在非竞争阶段破解的迷宫较多，成绩要优于其在竞争阶段的表现。

女性为何会在竞争阶段表现较差，原因尚不明了。一个可能的解释是，在奖励依比赛成绩而定的情况下，她们破解迷宫难题的积极性遭到了削弱。但另一种解释是，第二阶段的竞争环境造成的压力影响了她们的能力发挥。格尼茨和拉切奇尼得出的结论是，男性在竞争环境中的表现要优于女性。

另两位研究者——斯坦福大学的缪里尔·尼德尔和匹兹堡大学的莉萨·韦斯特隆也研究了竞争环境下的性别差异，研究参与者在有偿的情况下完成需认真思考的任务——计算 5 个两位数的总和。[6]然而，这一次，参与者可以选择是仅按自身表现获得统一标准的奖励，还是按各自的比赛成绩计算奖励金额。多达73%的男性参与者选择了比赛奖励方式，相比之下，只有35%的女性参与者选择了这一方式。这一巨大差异与男女参与者在实验中完成任务的相对表现无关。这种差异在一定程度上，仅仅是因为许多女性参与者不论计算5个数字之和的能力如何，总会在竞争环境中感到较为不适，这是该研究最重要的发现之一：女性即便能力出众，选择比赛奖励方式所得奖励更高，也宁愿选择非比赛方式。

除了以上详细介绍的两项研究，还有数项研究也表明，男女对竞争的态度有别。还有研究表明，女性避免谈判的倾向性远高于男性。

竞争态度的两性差异或许至少可以部分解释高级职位的男女失衡现象。20世纪80年代，芝加哥大学的舍温·罗森和爱德华·拉齐尔撰写了一篇影响深远的文章，将员工在大型机构中的升迁过程比作体育比赛。[7]正如参加温布尔登网球锦标赛的选手，想在机构内升职的员工需“击败”几名对手，才能晋级下一轮。在组织体系内爬得越高，就越接近金字塔塔尖，竞争的激烈程度也逐级递增。

从金字塔倒数第二层到塔尖的薪金增幅往往是最大的，罗森和拉齐尔对此做出了很有意思的解释。他们解释称，在竞争的每一个阶段，一旦升职，你不但薪水和名望见长，还能得到另一项重要的奖励，即在等级体系内更上一层的权力。更上一层，则可获得更多的名利。冲击金字塔塔尖是无法得到这一额外奖励的，仅仅是因为额外奖励并不存在，至此再无上升空间。对此的补偿是，从二把手到一把手的薪金涨幅要高于其他所有等级升职的薪金涨幅。否则，机构本身就减少了在竞争中到达最高点的吸引力，从而降低了由最优秀人才胜任最高职位的概率。

升职竞争往往不如罗森和拉齐尔的模型那般一目了然、直截了当，但竞争肯定存在，而且其激烈程度无疑是逐级递增的。平均而言，女性避免竞争环境的倾向性要强于男性，或许就是因为这点，即便才能和升职机会不输男性对手，女性到了一定阶段也会退出竞争。正因为如此，一般而言，若要增加机构企业高层职位的女性比例，反对性别歧视的行动可能并非对症下药的良策。

在罗森和拉齐尔的模型中，反歧视行动可比作在跳高比赛中将女选手的横杆降低十几厘米，这样做不会改变竞争本已存在的事实。习惯避免竞争的女性，对整个过程的好感不会因此增加。实际上，效果可能适得其反。评判标准男女有别，知道这一点可能会伤害女性的自我形象，减少她们赢得竞争所能获得的满足感，这样从一开始就削弱了促使女性参与竞争的诱因。

更加有效的可行政策是，男女的评判标准相同，但首先增加促使女性参与竞争的诱因。可行的诱因包括在宣布胜负之前就对参与竞争的女性给予“奖励”，或增加女性赢得竞争的奖励（奖励形式可以是为获得升职的女性加薪或发奖金）。

竞争态度的性别差异无疑是在进化过程中产生的，竞争性为男性带来的生存优势要强于女性。雄性为争夺雌性配偶而进行的竞争是许多动物的特征。竞争性让人类男性在基因传播方面具备了进化优势。获得食物资源、狩猎、保护家人免遭猛兽或敌人袭击本身都是男性的职责（因男性肌肉多比女性发达）。从事这些活动须具备强烈的竞争心理。在恶劣的环境条件下，食物资源稀缺匮乏、难以觅得，逃避竞争的男性会将自己和家人置于丧命的危险。

成见七：男人比女人更容易冒险。

真相：几年前，研究雄性激素睾酮的医学研究者发现，人体内的激素含量与手指结构之间存在不可思议的关联。这种关联非常简单，任何人只需看一看自己的手便可看出究竟：将右手张开平放在桌面上，测量食指的长度，然后再测量无名指的长度，并计算长度比。多数男性的食指要短于无名指，因此比率小于 1。比率越小，体内的睾酮含量越高。二者在统计学上存在相关性，虽并非举世皆准，却仍然适用于绝大多数情况，具有统计学意义。

在统计学层面，睾酮含量高与性欲强、专注力强和肌肉发达也存在相关性。这种激素还有益于健康，可降低体内脂类含量和心脏病发作的风险。

另一方面，睾酮也与一些负面现象有关，包括许多不良的行为特征。睾酮水平较高的人往往会染上烟瘾或酒瘾，睾酮水平较高的男性染上烟瘾的概率几乎两倍于睾酮水平相对较低的男性。高睾酮水平的男性还易出现暴力行为和冒险倾向。

但有关无名指的发现并未到此为止。剑桥大学的经济学家对比了数百名金融“日内交易员”的手指长度。[8]日内交易员通常为投资机构和信托基金的代理人，负责迅速将股票买入卖出。在很多情况下，利用日内交易行内所谓的“杀价收买”手段，一只股票可以在一分钟乃至短短数秒内被买入、持有、卖出。

几乎所有日内交易员都是青年男性，在任何老板手下均只打短工，很快就会被别人顶替。剑桥大学的研究者跟踪了几名日内交易员的工作业绩，得出了惊人的结论：食指与无名指的长度之比越小，交易员在买卖股票时有冒险行为的概率就越高，其所赚得的平均利润也越高。即便是投资新手也知道，风险越高，平均利润就越高，但看手指长度来预测一名交易员为赚取高额利润而甘冒风险的概率，听起来完全是天方夜谭，却得到了科学的证实。

此外，还有多项研究发现男女对风险的态度有别。近年来，有一系列很有意思的研究意在了解青少年的行为，研究尤其侧重的一个问题是，为何过度追求刺激、挑衅行为和盲目犯险在13~23岁的青少年群体中如此普遍。该年龄段孩子的父母往往发现自己很难理解子女的行为，却不记得自己年轻的时候也有过同样的行为。

研究表明，处于该年龄段的青少年大脑仍“处于发育过程中”，包括极端情况在内的新体验对其成人人格的形成非常重要。

据发现，青少年男女对冒险的态度有显著差异。该年龄段的青少年男性冒险的程度远高于女性，也高于年龄较长的男性。自古以来，在战争中流血牺牲的多为青年男性，主要原因就在于此。

对冒险的态度之所以存在性别差异，另一个原因是男性争夺女性配偶的进化发展过程。第十一章提及的“不利条件原理”可对此做出解释，男性可通过冒险行为向女性展示自己的胆量，这种行为特征表明其保护后代免于危险、获得食物资源的成功概率更高，在女性面前夸口自己愿冒风险的男性因此获得了进化优势。

其他男性在场也会增加男性冒险的冲动。有实验研究过男性在赛车模拟器中的反应，表明在附近有其他男性在场的情况下，男性的冒险冲动明显更强。血气方刚的青少年每次趁周末拿走自家汽车的钥匙，父母总会提心吊胆。但实际上，若是儿子自己开车，没有载满满一车同龄的朋友，父母理应宽心一点儿。

自然选择对此也有影响，有一名或多名其他男性在场的情况下，冒险的冲动更强，其目的是恫吓潜在的求偶对手。19 世纪，这一特征变得尤其突出，许多年轻人因一点点口角而挑起武装决斗，进而因此丧命。这一切，都得到了当权者的许可，无人因此遭到过审判。

成见八：男人喜欢比自己年轻的女人，女人对配偶年龄的重视程度较低。

真相：清晰无误、无可辩驳的统计数据表明，在多数已婚家庭中，丈夫的年龄都要大于妻子。但这是否能反映生理或文化偏好？

两大因素影响了有关夫妻年龄之差的社会规范：其一是男女的生育年龄之差；其二如本书前文所述，人类性生活的典型特征是长期、稳定的关系。在性行为均为一夜情的社会中，男人没有理由青睐年轻女子而嫌弃大龄女子，前提是两名女子都有生育能力。在长期的一夫一妻制关系中，情况就有所不同了。从达到生育能力上限的角度而言，只能与一名伴侣保持长期关系的男性所青睐的女性越年轻越好（前提是有生育能力），以确保日后能尽量多生孩子。

几年前，在芬兰进行的一项有趣研究意在确定要使子女成功长大成人的数目达到上限，夫妇双方年龄相差多大最为合适。[9] 研究者的发现来自17—19世纪萨米人①的历史记录。萨米人为斯堪的纳维亚半岛北部的原住民，研究选取该种族及所记载的历史时期是为了在不受现代医药影响的纯天然环境中确定最优年龄

① 萨米人，也称“拉普人”，是生活在北欧拉普兰地区的一个民族。——译者注

差。研究者得出的结论让休·海夫纳[①]和伍迪·艾伦[②]对配偶的选择有了一定的合理性：最优年龄差为15岁以上。研究所包含的夫妇年龄差跨度极大，从妻子比丈夫大20岁到丈夫比妻子大25岁均有出现。能保证健康子女数目达到上限的确切最优年龄差为丈夫比妻子大16.4岁。

一项后续的研究将侧重点放在了现代瑞典的夫妇身上，他们显然是最新医学进展的得益者。研究得出的结论是，最优年龄差缩小到了6岁。但即便在现代西方社会，年龄差达到20岁以上的夫妇也并不罕见。并非巧合的是，年龄悬殊的现象在名人夫妇中间尤为突出，这主要是出于社会原因。他们结成连理是“交易”的结果，年龄较大的丈夫可以此展示自己活力不减，老当益壮，从而获得社会尊重，而年纪较轻的妻子则可获得社会地位和名利。电视明星拉里·金[③]曾被问及和妻子肖恩之间多达26岁的年龄差。

“我知道你们在想什么，”金回答道，“人们一看到我和肖恩，

① 休·海夫纳，美国实业家、杂志出版商、世界著名色情杂志《花花公子》的创刊人及主编。2012年12月31日，86岁的休·海夫纳迎娶了第三任妻子——年仅26岁的英国金发美女模特克丽丝泰尔·哈里斯。——译者注

② 伍迪·艾伦，美国电影导演、编剧、演员、音乐家。1997年，62岁的伍迪·艾伦娶年仅27岁的养女宋宜为妻。——译者注

③ 拉里·金，美国家喻户晓的主持人，有“世界最负盛名的王牌主持人”之称，第一个在世界范围内享有盛誉的脱口秀节目主持人。他主持的《拉里·金现场》是美国有线电视新闻网收视率最高的节目。——译者注

首先注意到的就是年龄差。但我在此要说的是，她要是死了，那就是死了。”

成见九：男人比女人更喜欢外表美丽的配偶，女人则比男人更喜欢事业有成的配偶。

真相：配偶的外在魅力对两性来说，都或多或少有一定重要性，因为在过去，这是显示身体健康和生育能力的标志。不过，对于人类来说，何谓有魅力因文化而异，远未形成举世通用的标准（某些面部对称性标准除外，已有事实证明，这些标准被极为普遍地用于定义美丑）。特定的文化对美丽时尚有着特定的看法，人们之所以会为其所吸引，主要与在婚配市场找到理想配偶所获得的社会尊重有关。也正因为如此，男人往往比女人更喜欢吹嘘自己的风流韵事。

论及对事业有成的配偶的青睐，情况就不同了。在史前社会，事业的成功体现在狩猎技能上。优秀的狩猎技能可在两方面提高男性的魅力。这提高了他能够抚养多子女大家庭的概率。但或许更为重要的一点是，由于优秀的狩猎技能或多或少是代代相传的，这也就提高了子孙后代出人头地的机会，构成了改善女性基因总体成功率的一大因素。

依此推断，女性的事业成功对求偶的男性也同样重要。但男女的“繁殖策略”并不对等，如前所述，出于进化原因，男性更重视数量（即子女的绝对数量），女性则更重视质量。这显然是女性更看重配偶的事业成功在进化论方面的原因。

成见十：女人比男人话多。

真相：2006年，露安·布哲婷出版了《女人的大脑》一书。在很多人的婚姻生活中，矛盾无时不有，对此该书做出了最终解释：布哲婷声称，女人讲的话是男人的3倍！[10]布哲婷利用自己从诊室收集的数据，总结出女人每天的平均讲话量为20 000个单词，而相比之下，等量的男性数据仅为每天7 000个单词。布哲婷将女性的大脑比作情感处理的高速公路，而按照这个比喻，男性大脑更像泥土路。她声称，这种差异可归因于睾酮的影响，睾酮让男人思性成瘾，妨碍了他们表达情感的能力。

虽然或许会有很多男人认为自己的妻子或女友就是这一现象的典型，但布哲婷的观点实际上并不正确。她的著作出版一年后，马修·梅尔及其在亚利桑那大学心理学系的同事针对男女说话量的话题进行了一项深入而广泛的研究，其结论发表在著名期刊《科学》上。[11]根据这篇文章，男女所讲的单词量并无区别，男女两性每天所使用的平均单词量均为16 000个左右。这一发现所依据的研究利用了录音设备，设备贴在大规模抽样人群的身上。实验中讲话量最多的三名参与者均为男性，位居榜首的人平均每天的讲话量达到了47 000个单词。然而，最重要的一点并非布哲婷或梅尔的详细观点，而是不论男女，竟有这么多人深信女人滔滔不绝，而男人则正相反。

为何现实与普遍的观感截然不同？研究关系的专业心理学文献探讨最多的现象之一就是所谓的“要求/退缩”，即一方请求（或要求）讨论双方关系中的问题，另一方却百般逃避对话（或退缩）。女性被冠以多嘴多舌的恶名，要求/退缩模式显然起了重要作用。1990年，加州大学洛杉矶分校研究者对此现象进行的深入研究表明，在多数要求/退缩情境中，女性均为要求的一方，而男性则消极回应或退缩逃避。[12]

加州大学洛杉矶分校的研究激励了多名研究者尝试解释男女在要求/退缩情境中的不同角色。有人指出，女方提出要求，而男方有退缩行为，是因为男女两性处理感情的方式有所不同。但对此进行深入研究愈益显示出，情况并非如此。一项此类研究表明，要求/退缩情境中的主动方与被动方并非由伴侣双方的性别决定，而是由哪一方发起对话决定。[13]一般而言，发起方处于主动地位，而另一方则是退缩者，这与发起方的性别无关。2010年发表的另一项研究表明，同性伴侣（包括男同性恋者和女同性恋者）之间也会出现要求/退缩模式，出现频率与异性伴侣相同。[14]最后，一篇2006年的论文表明，要求/退缩情境中表现出的行为模式含有重要的文化因素。[15]例如，对于巴勒斯坦夫妻来说，男女双方的角色恰好与常态相反。总而言之，这些研究均表明，在要求/退缩情境中，女性作为要求方并非情感处理机制不同所致。显然，两性关系中的女方寻求改变的次数较多，而男方则宁愿保持现状。

这样一来，要求/退缩现象仍有两个问题悬而未决。首先，为什么在两性关系中，女性寻求改变的次数多于男性？其次，为何“要求”接受方（无论男女）往往会选择“不予置评”的消极回应，避免冲突，而非“予以回击”或对要求方提出的问题进行讨论？毕竟，若是配偶之外的人提出令我们反感的要求，我们往往会主动回应。

实际上，前文探讨过女性要求男性伴侣做出感情投入和承诺的进化论原因，已经回答了第一个问题。在两性关系中，往往是一方（通常为女方）埋怨另一方不够忠诚、投入不足的时候，要求/承诺情境才会出现。

要回答第二个问题，我们会用到博弈论的一些简单见解。为何要求接受方会选择退缩？这与性别无关。实际上，这甚至与夫妻关系毫无关联，这一现象常见于多种深厚、长期的交往关系中，例如要求/退缩在父母与子女之间也很普遍（父母为要求方，子女为退缩方）。与要求/退缩情境有关的行为在交往双方之间形成均衡状态，在多数情况下，要求/退缩是双方长期协商的一部分，一方要求做出改变，但这改变却需要另一方做出巨大牺牲。

对要求进行消极回应的策略并不一定表明一方对另一方的需

求兴趣寥寥，其目的是形成均衡状态，既接受部分要求，又不致对所提出的改变全盘接受。在重复互动中，这种“不予置评”的策略可能是均衡状态的一部分，毕竟有时沉默是金。

最后一个成见所涉及的观点耳熟能详，虽和两性差异并无直接关联，却与本章主题有关。

成见十一：同性恋有碍人类生存。

真相：几乎各大宗教的神职人员都经常提及这一观点，声称“造物主愿人类长存，同性性行为永远无法繁衍后代，因此定然忤逆了神的旨意”。有意思的是，有些人世俗化到极点，相信进化论，却也持同样观点，声称“进化的力量愿人类长存、繁衍生息，同性性行为永远无法繁衍后代”。

这一观点是正确的，但对“亲缘选择”的理解流于肤浅。所谓亲缘选择，即基因系的进化生存。物种的生存不仅得益于繁衍后代的个体，也得益于保证DNA相似的后代得以存活的个体（如亲属）。例如，工蜂和工蚁放弃了繁殖能力，全力照顾蜂王和蚁后的后代，从而确保其基因系得以继续传播。这一现象不仅限于社会性昆虫。避免直接有性生殖所获得的进化优势在于，“不生殖”的个体没有了抚育自己后代的负担，即有精力为兄弟、侄亲等基因遗传相似的其他个体抚育后代，从而提高其生存概率。

2006年，知名期刊《美国科学院院报》刊登了一篇文章，其中可找到这一解释的实证依据。[16] 文章作者称，有兄长的青少年成为同性恋的倾向远高于没有兄长的同龄人。此外，文章还发现，若兄长与其并无血缘关系（因被收养或儿童父母有离婚和再婚行为），同性恋倾向较高的现象并不存在。这表明，同性恋倾向增强的根源是生理原因，而非社会影响。（同一母亲的次子和第三子与长子在生理上有何差异尚不得而知，但举例而言，其卵子或有可能在首次受精之后发生改变。）在很多情况下，兄长有自己的孩子需要抚养，弟弟则会分担抚养的责任。

须注意，这一解释与当代世界的同性恋者照顾侄子、侄女的次数是否多于异性恋者无关，影响这种倾向的进化压力来自数万年前。因此，可以顺理成章地推断，同性恋在某些情况下能提高家族后代的生存概率，进化选择了同性恋。

***

进化导致的两性差异早在人类文明诞生之初就已形成，彼时的自然环境与如今我们所生活的环境大相径庭。对个体而言，这些差异有不少早在数百年前乃至更久远的年代就已经丧失了进化优势。社会机制改变了人类的特征以适应新的环境，无疑也改变了我们性格与情感反应中的不少部分。

百年来，屡屡有女权运动和政策将矛头直接指向了消除差异。

尽管如此，在发达的现代社会中，许多两性差异仍然难以消除。原因何在？这一问题的答案或许不止一个，但我认为，有一个明确的答案：尽管在我们这个时代，某些男女有别的具体特征或许已不具备进化优势，但两性之间存在差异这一点本身对人类及两性而言仍是巨大的进化优势。男女差异可以凸显性征，增加性魅力，从而促进繁殖，模糊自己雄性特征的男性和模糊自己雌性特征的女性均降低了自己争夺异性配偶的成功率。

即便某些情况与寻找情人毫无关系，人们仍然认为男人凸显男子气概和女人凸显女性气质才算富有美感和魅力。正因为如此，我们没有模糊外表上的性别差异，反而愈加强调。当今社会，很多极其自由和开明的人士（是女人的话）仍然会化妆，或（是男人的话）穿着凸显男子气概的衣物。

我们看重行为上的性别差异，其原因和看重外观差异相同。试想一下，在你认识的夫妇中，两人同车的时候，有几对是妻子坐驾驶座的次数多，有几对是丈夫开车的次数多？在家里做饭的人多为丈夫的家庭与多为妻子的家庭相比又如何？

某些细微的性别差异因久远的进化条件而形成，久而久之会逐渐增强，愈加突出，而不会销声匿迹。正因为如此，尽管如今已经很少有女性需要用母乳喂养婴儿，丰胸手术却大行其道。也因为如此，尽管由于科技与经济的进步，在为子女寻找食宿方面，强壮身体的用处已经荡然无存，男性却仍然对健身房趋之若鹜。

第十五章

找到我的天作之合

繁殖与爱之数学

所谓爱与性这等美事很可能都要拜病毒所赐。若无病毒，包括人类在内的所有动物显然都会进行无性繁殖。

实际上，大部分种类的植物和部分动物均为无性繁殖，其繁殖过程无须第二个有机体的参与。但多数复杂物种若不进行有性繁殖，就无法抵御病毒感染，动物与病毒天敌之间的战争永无休止，动物在这场战争中所形成的制胜法宝是遗传变异。

攻击动物——包括人类——的病毒需不断改变自己，以适应攻击对象的基因结构。我们的基因结构可比作锁，而病毒则需寻找开锁之钥。一旦找到合适的钥匙，但凡是锁孔类似程度足以被钥匙打开的动物都会遭到病毒攻击。如果某个种群的基因变异程度达到一定水平，病毒则需携带一大把钥匙才能攻击所有个体。相反，如果一个种群拥有相同的基因，病毒只要一把钥匙就能让整个种群全军覆没。有性繁殖让两个基因结构不同的个体得以交配，并繁衍出基因结构有别于父母双方的后代。实质上，有性繁殖是为父母基因的未来保驾护航的一道措施。

这也是近亲繁殖成为进化禁忌的根源。如果说遗传的目的是建立一条动物遗传链，基因相似度越高越好，那么似乎自然选择理应偏向于近亲繁殖，兄妹姐弟应为生育子女的最佳配偶。实际上，近亲繁殖完全是进化的累赘。

近亲繁殖的儿童患上基因遗传疾病的概率会大大增加。除了对此类关系形成的社会禁忌，我们还形成了有效心理机制，以防为直系血亲所吸引。这一切保护了人类的基因多样性，甚至不惜以减少我们与后代的基因相似度为代价。我们和后代的基因若高度相似，人类的多样性便会降低，从而使得整个物种更易因病毒传染而灭绝。

当然，这个例子再次证明了情感是预防恶果的宝贵机制：理解乱伦的进化风险所需的逻辑推理要比谈之色变的反感心理抽象得多。一想到和兄弟姐妹或表亲等血亲发生性关系，几乎所有人都会心生厌恶。但多项研究表明，实际上，相貌和性格与己相似的人对我们多数人都会产生性吸引力。对此现象进行研究的心理学家发现，兄弟姐妹和表亲之间若对其血缘关系不知情（收养儿童、父母离异或家庭人口过多等案例中会出现此种情况），双方之间的性吸引力远超于多数情侣。可以顺理成章地假设，这种吸引力是由于在病毒威胁不存在的情况下，近亲结婚会带来巨大的进化优势。

设想一个没有病毒、人类无性繁殖的科幻世界，是很有意思的。若无须以遗传变异来迷惑、抵抗病毒，无性繁殖必然会具有进化优势。有性繁殖的遗传效率较低：繁殖过程非常复杂，听天由命的部分过多，而且最重要的是，由此生育的后代基因与父母并不完全一致。相反，无性繁殖让我们所有人得以克隆自己，完美复制自己的基因。若纯以进化角度考量，可合理推断出，假如我们生活在无性繁殖的世界，无性繁殖的愉悦感与有性关系实际带给我们的愉悦感是相同的。若无愉悦感，我们便不会选择繁殖，人类这个物种便会不复存在。

从进化的角度而言，我们想必大可以接受无性繁殖，但这样一个世界里的人类社会会是何光景？求爱、恋爱、浪漫、调情，这些又有什么可以代替？没了浪漫爱情这一主题，美术和音乐如何发展？孤芳自赏、以自我为中心无疑会成为无性繁殖世界里的主要人格特征。人人自顾自地生活，甚少与他人交流……总而言之，我们的生活很可能会情感匮乏，单调乏味得多。

但如果说就性与繁殖而言，两人好过一人，那为何不是三人好过两人？莫迪·佩里和两名同事在一篇很有意思的研究论文中，提出并研究了这一问题。[1] 既然成对的性关系是确保种群基因多样性、抵抗病毒的方式，为何自然选择没有更进一步，发展出三性繁殖？毕竟，将三个个体的遗传物质合为一体，可以进一步增加变异程度。

应该指出的是，此处所谓的三性繁殖并非20世纪70年代某些法国类型电影中出现的三人姘居情节[①]——两男一女或两女一男。三性繁殖的世界意即有三种性别的世界：男性、女性和第三性。现有语言显然没有可以指称第三性的名词，在这样的世界中，每次成功的性交均须三性各有一人参与，每人均为生育后代贡献遗传物质。地球上尚无用此种方式进行繁殖的物种，其背后有着充分的缘由：相比于我们所熟知的两性繁殖方式，三性繁殖弊大于利。

从技术角度而言，设想三性繁殖毫无难度。在某些案例中，为确定父子关系的DNA检测莫名其妙地发现，父子或母子之间均无血缘关系。在部分案例中，进一步的调查发现，鉴定儿童实际上有三名父母。这是单个卵细胞与两名不同男子的精子结合造成的结果，而该名儿童则携带了两名男子和生母的遗传基因。原来，儿童的母亲确实在短时间内和两名男子发生过性关系，她所排出的卵细胞被两名男子的精子同时进入。

佩里及其合著者的研究证明，在生殖过程中加入其他不同的性别确实能提高种群的基因多样性，但从两性到三性所增加的多

① 20世纪70年代是法国情色电影的黄金期。——译者注

样性幅度微不足道。而另一方面，须三种（或三种以上）不同性别参与的繁殖过程会大幅降低生育率，因为须有三名意欲繁殖的个体相逢相见，其复杂程度远超两个个体类似的相遇过程。结论是，对于想避免被病毒灭绝的生物来说，两性繁殖是最佳的繁殖方式。与三性或多性繁殖相反，人类经过花前月下、两情相悦的性交方式并非随性而为，而是以充分的数学计算为依据，从进化论角度加以权衡的结果。（知道这点令人欣慰。）

本书前几章指出，人类的性行为有别于多数其他动物的性行为，因为其性行为建立在各种情感与承诺的基础之上。但在爱情与性生活中牵动着我们的情感也并非随性而为。与普遍看法相左的是，我们不会突然坠入爱河，也不会被风花雪月迷住心窍。在合适的时间遇到合适的人，爱情才会产生。实际上，在多数情况下，爱情是我们所做决定的结果。

完成大学学业后，我作为青年研究员去了美国，惊讶地发现某些印度的研究员同僚和配偶是包办婚姻。这些同僚年纪轻轻、作风现代、思想开明、学历很高、才智过人，他们在美国生活多年，但谈及婚姻，他们仍然接受了本国文化的传统方式，按照父母之命缔结婚姻。

我和印度朋友谈起爱情与两性关系的话题时，他们描述称自己逐渐爱上配偶的经历是理智决定、深思熟虑的结果。他们初次见到未来的伴侣时，不仅婚期已定，未来的生活安排和女方嫁妆也已经敲定，新郎新娘结成连理是否般配几乎全由父母决定。

按照印度的包办婚姻传统，商谈嫁妆数额时，新娘新郎双方的优缺点都要摆在台面上讨论。如双方父母认为拉郎配的两人“素质”差距过大，商谈即告结束，双方父母则会继续为子女寻找新对象。差距较小则对嫁妆数额进行相应的调整即可“弥补”，嫁妆反映了包办婚姻双方的相对素质。

我的同事拉贾万在牛津大学攻读博士学位期间返回印度结婚。在双方父母敲定婚约前，他有半个小时的时间见自己未来的妻子。不到两天，新婚夫妇便返回了牛津。拉贾万等人经常告诉我，尽管是包办婚姻，他们对配偶的爱却丝毫不减。实际上，他们声称效果恰好相反。有关婚姻的其他种种琐事均已敲定、安排、置办妥当，他们可以心无旁骛地培养感情关系。有的印度朋友甚至告诉我，他们觉得我和我的妻子很难理解。他们质问，在尚有许多事情并不确定的情况下，两个人怎么可以开始处理爱情关系这样的情感问题？

尽管有其优点，印度（等诸多国家）实行的包办婚姻制度，尤其是结婚给嫁妆的习俗，也是许多社会问题的根源所在，其中最突出的就是性别不平等现象。新娘之父须向新郎之父送嫁妆，而嫁妆数额之高有时会超出新娘家庭的承受范围。印度有列出嫁妆价目表的网站，决定嫁妆数额的主要变量包括新郎的职业和男女双方的种姓，新娘和新郎双方地位相差过大的话，嫁妆数额可高达 130 000 美元以上。因此，不出所料，许多印度家庭认为生女儿是累赘，生儿子才是如获至宝。近几十年，由于科技发展，胎儿性别在孕早期即可鉴别。因此，堕掉女胎的趋势在印度愈演愈烈。堕女胎的趋势出现之前，按照生理规律，人类的总体男女比例相等。堕女胎的现象改变了这种情况，导致世界人口中的男性比例比女性高出了 2%，印度的男女人口比例相差达 4% 以上。在印度的某些省份，差距还要更大。耐人寻味的是，差距最大的几个地区为富庶地区，因为家境富裕的女性怀上女胎后，比贫寒的女性更有财力承担堕胎的费用。

这种不平衡现象不可避免地开始矫正市场力量。女性数量不足导致嫁妆数额大幅下降，某些地区甚至一反传统，新娘的父母如今要向新郎的父母索要聘礼，才肯把女儿嫁出去。在男女比例悬殊的地区，适婚女性稀缺，导致了另一种令人不安的经济现象：两兄弟娶同一名女子为妻，这样男方家庭才付得起新娘父母索要的巨额聘礼。

西方社会的婚配市场自由度和自发性较高，但对其中涉及的理性和经济考量进行细致分析就会发现，其与印度传统的包办婚姻制度并无太大区别。“爱是盲目的”，这听起来很有诗意，但现实往往索然无味。在多数情况下，我们爱上的都是自认为可以形成双向纽带的人，而避免爱上自认“高不可攀”的人。两情相悦的情侣往往同属一个民族，有着门当户对的社会和经济地位。

我的同僚和朋友伊娃·伊鲁兹深入研究了现代西方社会的男女如何选择伴侣。[2] 由于科技进步，如今敲敲键盘即可安排约会，在这种情况下，有关两性关系的自由主义思想将资本主义的消费文化带入了我们的爱情生活中。伊鲁兹的研究展示了消费文化对爱情生活的影响程度。事实证明，谈及现代的爱情生活，我们誓要争取到最有利的待遇，拒不接受任何妥协，一如我们的购物方式。为了达到这一理想目标，我们情愿忍受成百上千次网络安排的约会，尽管每每败兴而归、大失所望。结果，我们常常不愿投入专一的感情，而这正是建立长期关系所必需的一点。

1992 年的诺贝尔经济学奖获得者加里·贝克尔同样认为，我们有关两性关系和爱情的决策与我们在市场情形中所做的决策极为相似。他分别于 1973 年和 1974 年发表了两篇文章，名为《婚姻理论》，在其中提出了一个婚姻市场的数学模型。[3, 4] 这并非贝克尔的首创。10 年前，专攻博弈论的数学家戴维·盖尔和劳埃德·沙普利（沙普利于 2012 年获得诺贝尔经济学奖）建立了类似的婚姻市场模型。[5]

两个模型均描述了一种双边市场，市场一方是女性，一方是男性。每名男性均按照喜好程度对女性进行排名：对他吸引力较高的女性排在前列，吸引力较低的女性排在末尾。每名女性对男性进行类似的排名，按照对其的吸引力由高到低排列。若可选择的异性成员在主观吸引力排名中极其靠后，与其结婚还不如落单，那么无论男女，每名市场参与者均有权保持单身。

两个模型背后的中心概念均为配对稳定集的巧妙思想，配对集即市场中的男女一一匹配。每名男性与不超过一名女性配对（但部分男性有可能落单，即不与任何女性配对），每名女性均与不超过一名男性配对（同样，部分女性可能会落单）。如任意夫妇均无可能离婚或双方均找不到优于现有伴侣的配对对象，配对集即为稳定集。甲男或许想和乙女在一起，但如果乙女也想和甲男在一起，两人却均已与他人结婚，这便不能称作配对稳定集。同理，在配对稳定集中，与异性成员配对成功的每个人和现有伴侣在一起的意愿均要超过保持单身的意愿。

仅从以上定义很难立刻看出，在任意男女组成的婚配市场中，此类理性的配对稳定集是否均可建立。然而，盖尔和沙普利利用简洁、精妙的论证方式，证明了一条乐观的数学定理：无论婚姻市场中的男男女女有何喜好，配对稳定集永远存在！盖尔和沙普利甚至证明了，只要输入每名男女的喜好，一种简单易行、可在电脑上运行的程序即可找到配对稳定集。

盖尔和沙普利的模型比贝克尔的模型得到了更为广泛的应用。实际上，这是有史以来最具影响力和实用性的经济模型之一。例如，该模型被用于为实习医生寻找岗位，该市场的效率因此大为提高。此外，斯坦福大学的知名经济学家阿尔文·罗思进一步发展了该理论，该模型帮助英美两国的教育委员会提高了满足儿童择校意愿的成功率。近年来，罗思一直在提倡将盖尔–沙普利计算程序引入全新的应用领域——肾移植，以便起到真正的救死扶伤作用。

成功的肾移植手术需要捐赠方和接受方的基因高度匹配。与婚姻不无相似的是，许多潜在的移植手术因双方（的基因）不匹配而未能实现。阿尔文·罗思和几名同事很敏锐地发现，利用配对计算程序将匹配的捐赠者和接受者进行配对，可以挽救许多人的生命。其原理如下：假设罗恩想将自己的一个肾脏捐赠给患病的姐姐鲁思，但可惜两人的匹配度未能达到成功移植的水平。而与此同时，玛雅想将自己的一个肾脏捐赠给丈夫加里，但这一移植手术也因不匹配而遭到了医生的否决。然而，假如罗恩的肾脏可以成功移植给加里，而玛雅的肾脏与鲁思的身体匹配，双方进行肾脏“互换”，即可挽救两条本无生机的人命。

罗思正确地认识到，器官捐赠者与接受者的“市场”与婚姻市场和上文提及的实习生市场相似：均为双边市场，一方是捐赠者，一方是需要肾移植的患者。因此，器官移植市场可利用计算程序列出众多肾脏捐赠者和接受者的名单，每年挽救全国各地的数千条人命。

但贝克尔的模型本身也有其价值：婚恋市场无疑是非理性的，但该模型却揭示了其中蕴含的惊人知识和自身利益。原理如下：在贝克尔的模型中，人们按照外表、教育水平、社会地位、财富等一系列特征对异性成员的吸引力进行排序。每个人对各项特征的相对重视程度均有不同，从而形成自己的喜好排名。每个潜在的男女配对均会形成“联合效用”，意即配对双方根据各自的特征及对方对这些特征的重视程度，而从这一配对中所获得的利益。越成功的配对，“联合效用”越高，但效用并不一定会在双方之间平分——后文会对此进行详述。盖尔-沙普利的模型只允许个人同意或拒绝任意建议配对，而与之不同，在贝克尔的模型中，每对匹配的夫妇双方还需决定配对产生的联合效用在双方之间如何分配。

例如，假设一名女性拥有众多富于吸引力的特征，受到了众多男士的青睐。她有可能会嫁给对其他女性并无吸引力的男性，但在此情况之下，二人婚姻产生的联合效用在双方之间的分配会向女方倾斜。例如，这或会表现为，男方须多做家务，或放弃购买自己心仪的跑车。这一假设在贝克尔的模型中名为“效用转移”，这是其与盖尔-沙普利模型之间的本质差别。至于假设效用转移的限度为多高才算合理，经济学家对此争论不休，后文会对此进行探讨。

在贝克尔的模型中，如何形成稳定的配对系统、对效用转移达成一致，下文会举例说明。为简化问题，以下示例中的婚姻市场规模很小，仅包含雷切尔和米里亚姆两名女性及萨姆和戴维两名男性。在该婚姻市场中，四种可能的配对方式均会对夫妇双方产生联合效用，其联合效用如下表所示：

	戴维	萨姆
雷切尔	8	4
米里亚姆	9	7

举例而言，假如戴维和雷切尔配到一起，其联合效用为8，此即两人结成夫妇所能获得的利益指数，其中包含夫妻双方从结婚这一行为中所获得的物质及情感利益。

然而须注意，在这一示例中尽管戴维和米里亚姆是四种可能性里最成功的配对（其所产生的联合效用为9，高于所有其他配对的联合效用），在稳定的配对系统中，他们却难成眷属。要想了解为什么，请设想戴维和米里亚姆、雷切尔和萨姆双双结为夫妇。假设按照两对夫妇签订的联合效用协议，萨姆、戴维、雷切尔和米里亚姆所得到的效用指数分别为S（萨姆）、D（戴维）、R（雷切尔）和M（米里亚姆）。这便意味着，S+R=4，D+M=9。简而言之，萨姆和雷切尔并不般配：根据上表，萨姆和米里亚姆在一起更幸福，雷切尔和戴维在一起更幸福。无论雷切尔和戴维从现有配对中获益多少，他们在一起分享8分的联合效用所能获得的利益会更多。因此，尽管戴维和米里亚姆琴瑟和谐，萨姆和雷切尔却并不幸福，这一配对集因而并不稳定，他们存在离婚的动机。另一种分析方式是，应注意配对稳定集的夫妻“效用”值之和更高。萨姆和雷切尔的联合效用值为 4，戴维和米里亚姆的联合效用值为 9，相加为 13。相比之下，戴维和雷切尔的联合效用值为 8，萨姆和米里亚姆的联合效用值为 7，相加得 15。在此情况之下，数值较高即表示稳定。

此处的重要发现是，夫妻关系的稳定不仅取决于夫妻双方的直接关系，还取决于伴侣关系之外的可能性，意即夫妻双方移情别恋会更加幸福的可能性。也正因为如此，最成功的两性关系（即产生联合效用最高值的两性关系）绝不会出现在稳定的配对系统中，这是完全有可能的。若想配对系统达到稳定状态，婚姻市场中所有个体的效用总和须达到最大。

在我们的示例中，戴维与雷切尔、米里亚姆与萨姆构成的配对系统是稳定的，这一系统产生的效用总值为 15，是该婚姻市场效用总值所能达到的最高值。那么下一个耐人寻味的问题则是，每对夫妻的效用值在男女之间如何分配？答案依然取决于整个市场，且并不一定会在男女之间平分。

假设在我们的示例中，效用值是平分的，即戴维和雷切尔将其总值为 8 的联合效用进行 4∶4 平分，而萨姆和米里亚姆则为 3.5∶3.5 平分。这种分法并不稳定，因为米里亚姆和戴维可以分别和配偶离婚，二人再结为夫妇，则有更高的效用总值可以在双方之间分配（总值为 9，而非原本的 7.5）。在该案例中，确有一种效用值分法可以形成稳定的配对系统，具体如下：戴维和雷切尔将其总值为 8 的联合效用值在双方之间进行 4 : 4 平分，而萨姆和米里亚姆的效用总值为 7，则按萨姆得 2、米里亚姆得 5 进行分配——这样一来，米里亚姆得到的效用值要比配偶萨姆高 3。

如按此种分法，萨姆面对不公为何不会反抗？比如，既然他已经承担了一日三餐和开车送孩子参加足球训练的任务，为何不要求米里亚姆负责为全家人洗衣服？贝克尔的模型对此问题给出的（具有讽刺意味的）答案是，假如萨姆增加分得的联合效用值，而让米里亚姆的利益受损，米里亚姆就有了和萨姆离婚、嫁给戴维的诱因。按照新的安排，米里亚姆和戴维更加幸福。

如果你觉得贝克尔的模型充满了物质主义、有己无人、自私自利的色彩，以此探讨两性关系与爱这样的话题多少有些难以接受，我和你有同感。但我们对这一模型的批评要有的放矢，贝克尔的模型所探讨的并不一定是纯粹的物质主义，因为如前文所述，模型中的数值也代表了情感效用。但该模型确实建立在自私自利的基础之上，这是其缺陷之一。例如，该模型表明，假如夫妻双方有一方受了重伤，致使夫妻之间的联合效用大为减少（如患上重病或遭遇类似灾祸造成的情况），其配偶则应立即开始建立新的两性关系。无论是从道德角度还是事实角度而言，这都不是爱情关系的准确写照。

加里 · 贝克尔于 20 世纪 70 年代提出了其婚姻市场模型，彼时他在芝加哥大学经济学系就职。众所周知，“芝加哥学派”的特点就是其经济学研究方法以经济主体的物质性自利为特征并坚信自由市场的力量，贝克尔是这一方法的忠实拥趸。有鉴于此，贝克尔颇具争议地提出人类器官应该放到自由市场上进行买卖，以缓解移植器官长期短缺的现状，就不足为奇了。

贝克尔的模型尽管遭受了各种非议，却仍不失为一个重要模型，因为我们由此对婚姻市场的实际运转方式有了诸多发现，其中有些发现有着充足的实证依据。例如，该模型准确地预测出，提高女性在劳动力市场的参与度可以提高女性在伴侣关系中的地位，但也会增加离婚率。这是因为，自食其力后，女性保持单身的效用值便相应地增加了。

设想一下，如果上例中的男女可以保持单身，情况会如何。假如一个人保持单身的效用值为 1，上例的情况则毫无变化（因为结婚为每个人带来的效用值均高于此）。接下来假设工作就业、自食其力的机会将雷切尔保持单身的效用值从 1 提高到 4.5。这样一来，前文列举的配对系统便失去了稳定性。雷切尔会要求戴维提供至少 4.5 的效用值，才会和他保持夫妻关系，而戴维只能得到 3.5 的效用值（总值为 8）。但戴维并非一定要同意雷切尔的要求，他大可以向米里亚姆提供 5.2 的效用值，让她嫁给他（这要高于她从萨姆一方获得的效用值），这样一来，两个人都会更加幸福。这一分析多少佐证了女权组织活动家有时会提出的观点，即男人反对妻子外出就业，并不是因为担心妻子会因此对孩子照顾不周，也不是因为担心无人做家务，而是因为担心女性获得经济独立，会提高女性在两性关系中的谈判地位。

贝克尔模型的另一个缺陷是效用值可以转移的假设。根据这一假设，伴侣中的一方在另一方身上看到的几乎任何负面特征，均可通过在婚姻中对联合效用进行相应的划分而进行弥补。这残酷无情地粉碎了两性关系中爱慕之情形成的根基，不仅令人义愤填膺，也并非事实的准确写照。

我可以讲一段自己的亲身经历。我还是大一新生的时候，和一名女子有过短暂的交往。她几乎拥有一切我梦寐以求的品质，容貌姣好、聪慧过人、谈吐风趣、善解人意。但我煞费苦心，却仍然无法在她身上找到那种难以名状、无法言喻的感觉，正是这种感觉将知己之谊与让人魂牵梦萦的爱情区别开来，因为我完全想不出这位美丽、年轻的女子要给予我什么才能弥补这种缺失的情感。

第十六章

从穴居人长笛到巴赫赋格曲

为何进化会创造出艺术？

我的父亲于几年前离世，间或会在深夜托梦于我。某日，我沉思回忆着前一晚的梦，拿起纸笔为父亲作了一首诗，后又配了曲。写的过程中，我文思泉涌，这是我此前从未有过的经历。我下笔总是犹豫再三，往往会不断修改，字斟句酌。这次却并非如此，曲调信手拈来，但词曲创作完成后，我双手抱起吉他准备弹唱的时候，却热泪盈眶。我百感交集，一言难发。

我暗自思忖了片刻，觉得因为自己的创作而激动到哽咽，这太自恋了。但我立刻明白了让我心生感触的并非歌曲的抒情风格，抑或对自己作品的沉迷。究其原因，也并非我对父亲的思念，触动我心弦的主要是歌词准确无误地刻画出了我印象中的父亲。

虽然在作词过程中，歌词信手拈来，创作却仍然需要不少才智。在我的记忆中，这类似我在日常研究中的经历，而后者主要涉及证明数学定理。歌词的严格韵律和不同寻常的节奏正是澎湃情感的主要部分。这首歌究竟是从何处萌生、成形的？是在我的头脑中，还是内心深处？

我们常常认为情感与分析思考分属两个不同的内部系统，在最理想的情况下，我们希望两个系统互不干涉，在较不理想的情况下，我们担心二者产生不可调和的冲突。显然，事实与此类说法大相径庭，我们的情感内部系统与分析/认知内部系统之间仅仅是一线之隔，二者之间频繁的相互作用主要发生在前额皮质。前额皮质位于大脑前部，受前额保护。

对临床抑郁症最成功的现代疗法之一，是在前额皮质附近放置磁体以消除负面思想不断增加抑郁焦虑情绪的典型恶性循环。但情感系统与认知系统之间也存在不断强化的良性循环。实际上，所有的艺术体验，无论是创作新的艺术作品，还是观察者对艺术作品的欣赏，均涉及二者的相互作用。艺术体验显然与情感反应息息相关，但情感反应是在认知过程中产生的。在认知过程中，我们会尝试对艺术作品形成一定了解或识别出一定的审美结构。

几乎所有艺术体验均为认知分析和情感反应相结合的结果。若无情感反应，我们会对艺术创作无动于衷，艺术看起来对我们无足轻重。但若无一定程度的认知分析，我们则无法识别出作品的美学品质，作品便无法唤起情感反应。人们往往认为意在唤起本能性情感反应的艺术创作（如极度激情的主题或对苦难的悲惨描述）流于肤浅，无法唤起真正的艺术体验。

在我看来，约翰·塞巴斯蒂安·巴赫是有史以来最能感动人心的作曲家，同时也是一位非常严谨的作曲家。巴赫的赋格曲几乎完全不存在主旋律，却将不同音色的声音编织在一起，以错综复杂的方式组合成一块巨大的拼图。《C小调赋格》完全由四声部构成，每个声部均按非常规的16分音符演奏，伴之以延长的基础低音。该赋格曲以所谓的“BACH乐旨”为基础，其所使用的音符恰好可以拼出巴赫的名字。[①]（音阶多为由A到G，但在某些情况中，H也即B升半音。[②]）

我推荐大家观看人们炫耀自己能快速复原魔方的网上视频。如果播放巴赫的赋格曲作为视频配乐，你很快会发现二者完全吻合，仿佛赋格曲引导着视频里的人如愿解开谜题。

但艺术体验源自何处？这种情感与逻辑相结合的体验究竟有何目的？

几年前，人们在德国南部的一座山洞里发现了一支20厘米长、由鹰骨雕刻而成的长笛。据称，这支长笛是目前已知人类制作的最古老乐器。科学分析表明，长笛已有35 000年历史，已知的最古老洞穴壁画也可追溯至大致与其同一时期。显然，艺术

---

① 巴赫的名字为Bach。——译者注

② 在德语中，B音符代表的是英语中的B降半音，而H代表英语中的B升半音。——译者注

创造力要早于人类多数认知能力的发展，可追溯至人类进化之初，我们从艺术中获得的乐趣和体验艺术的需求或许遗传自古人类与他人交流的生存需求。

神经生物学家一直在研究大脑为何会对音乐产生强烈的情感反应，甚至会让皮肤起鸡皮疙瘩。在几年前的一项研究中，研究人员让受试者选择自己最喜欢的乐曲选段（选自无歌词的纯交响乐作品）。随后，在为其播放这些乐曲的同时，由功能性磁共振成像仪对其大脑进行扫描，扫描显示出最活跃的大脑部位为纹状体，即大脑皮质下区域中负责分泌多巴胺的部位。这种激素与我们在各类情况下产生的愉悦感有关，包括性行为和使用成瘾性药物带来的短暂快感。

音乐影响情绪的方式很有意思，音乐对我们的心灵可产生巨大影响。我们往往喜欢听结构熟悉的乐曲，但熟悉度不可过高，否则我们会感到厌烦。在耳熟能详的曲调中出现出人意料的声音，这样的瞬间能带来最大的乐趣。换言之，我们显然需要以熟悉的东西为依托来欣赏不熟悉的东西。

我们从音乐与妙言趣谈中获得乐趣有一项共同的标准。二者所带来的乐趣均源自预期与意外形成的反差，书籍和电影中扣人心弦的段落也是同理。

从意外中获得乐趣始于婴儿发育之初。仅仅几个月大的婴儿看到熟悉的人做出意外的举动，很容易笑开怀。而说实话，我们在一旁观看的人看到这种情景受到的触动也丝毫不亚于婴儿。比如，婴儿看到家人撕纸笑开了怀。为什么？因为撕纸对她来说是意料之外的事。意外为何能让我们喜笑颜开？我们对意外的情感反应是否带给了我们某些生存优势？答案是，我们主要通过出人意料的经历来学习认识我们的自然和社会环境。每次意外的经历都会将重要的知识灌输到我们的大脑中，以备将来协助决策之用。

熟悉的经历会迅速消失在遗忘的黑洞中，这是好事，因为这些经历提供的知识我们早已具备。意外的经历却能给予我们至关重要的新信息，从意外经历中获得的心理愉悦感驱使我们主动寻找这种经历并警惕其存在，从而增进知识，提高生存概率。还有其他机制也可以增进知识，如好奇心，但这些机制偏向于认知系统，因而慢于音乐和幽默引起的情感机制。

但我们需要熟悉的结构才能从意外的经历中学到东西，在处处都是意外的世界里，我们不会学到半点知识。那会是陌生而古怪的世界，我们不会将自己视为这种世界的一员，也无从以过往经历判断未来走向。正因为如此，以节奏和音阶为基础的音乐若听起来不熟悉，便会让人感觉刺耳。从始至终都是一连串意外事件的电影看起来索然无味、光怪陆离，就像想逗婴儿的陌生人把脸遮起来再露出来，有时只会让孩子感到害怕，把孩子吓哭，而非逗得他哈哈大笑。

第四部分

论乐观、悲观与群体行为

第十七章

我们为何如此消极？

情感算术

设想一下，某日你发现自己有张彩票中奖了，当场获得了 100 000 美元的奖金，你毫不夸张地欢呼雀跃起来。

现在请设想一周后，你又买了一张彩票，而且不可思议的是，这张彩票又中奖了，你又赢了 100 000 美元的奖金。一周后，同样的事情又发生了一遍。

试将每次彩票中奖的喜悦程度进行排序，哪一次最开心？如果你的答案是你认为自己的喜悦程度第一次最高，第二次和第三次所增加的喜悦感则逐渐递减，你便和多数人无异。在此情况之下，你的直觉预测符合经济学理论的一个基本假设，即“边际效用递减”。该理论认为，所拥有的财富越多，每增加 1 美元（或 100 000 美元）所带来的幸福感就越少。边际效用即我们的幸福感随着财富增加（或减少）而增加（或减少）的幅度。

边际效用递减法则与我们的常识看法相吻合。给手头拮据、入不敷出的学生 100 000 美元很可能会产生巨大的影响，让对方乐不可支。把同样的 100 000 美元给比尔·盖茨这样的富豪多半不会有同样的效果——对其财产毫无意义，不会令其情绪产生一点波动。

负面事件的情况就不那么显而易见了。行为经济学家所收集的多数证据均表明，举例而言，一次丢掉 2 000 美元所带来的痛苦要少于两次分别丢掉 1 000 美元的痛苦之和。很难证明这一理论是否也适用于更加严重的负面事件，如爱人去世或罹患疾病的情况，但多数经济学家都倾向于认为情况确实如此。我们可以套用伪算术公式予以解释：一加一的所得小于二，但减一再减一的减幅大于二。

这种情感算术有何原理？迄今为止，对该项课题的研究寥寥无几。理论经济学利用效用函数的概念对此问题做出了片面的解答，效用函数将每种情景（此处的“情景”可指大量商品、彩票中奖乃至染上疾病或受到人身伤害）与数值对应起来，数值意指个人对每种此类情景产生的主观情感反应。

1944 年，数学家约翰·冯·诺伊曼和经济学家奥斯卡·摩根斯特恩发表了 20 世纪最具学术价值的著作之一——《博弈论与经济行为》。[1] 在其著作中，冯·诺伊曼和摩根斯特恩深入细致地研究了效用函数，他们所得出的较为巧妙的一项成果是证明了对喜讯所产生的边际喜悦感逐渐递减的人会规避风险。

如需在有风险的彩票和数额等同于彩票平均奖金的无风险现金之间做出选择，规避风险的人总是会选择无风险选项。例如，假设有两个选项，一是 1 000 美元现金，二是得 2 000 美元奖金与一无所得概率各占一半的彩票，要从中选择其一。尽管选彩票有赢得 2 000 美元的机会，规避风险的人仍会选择 1 000 美元这一“万无一失”的选项。

多数人都会规避风险，正因为如此，保险公司才会日进斗金。多数人不会选择股票等高风险投资工具，除非其预计平均回报额要高于相对稳健的投资形式。诚然，有不少人也喜欢偶尔买张彩票或有时去拉斯韦加斯赌场的赌桌上试试手气，但这种看似“冒险”的行为往往只牵扯到较少的金额，且可算作娱乐活动，而非真正的冒险行为（除非一发不可收，发展到嗜毒成瘾，这个问题在本书后文会再行讨论）。

从进化论角度来看，我们对风险的态度并非一目了然。有些动物对风险的态度有别于人类，我的一位合著者、行为经济学领域的知名研究学者约翰·凯格尔便是从研究鸽子对风险的理解方式开始了自己的研究事业。在凯格尔和其他几名研究者进行的实验中，鸽子要面对几个不同的鸽子洞，洞内所放置的食物量不同。[2] 有的鸽子洞始终保持等量的食物，有的则食物量每次均有变化，每个鸽子洞每次的食物量分配均受到严格控制，因而每个洞的平均食物量是相等的。

例如，如果一个鸽子洞每次都有 20 克的葵花籽，另一个鸽子洞则半数时间有 40 克的葵花籽，半数时间是空的。

不同于人类通常表现出的规避风险行为，鸽子倾向于食物量不定的鸽子洞，而非始终等量的鸽子洞。凯格尔提出，人类与鸽子对风险的态度有异或许源于两个物种所生活的环境不同。鸽子要保证生存，食物量需达到最低限度，供给量小于鸽子所需底线的食物来源对生存并无用处。在野外，鸽子所遇到的一般食物来源所提供的食物量往往无法达到所必需的底线，致使鸽子愿意为了获得高于所需底线的食物量而冒风险。

可以说，人类的消费环境与鸽子大相径庭。试想一下你手中某些商品的数量多少对你的幸福会有何影响。若手中拥有的数量很少，增加一个单位的商品会大幅提高你的幸福感，但如果你手中已有很多，你所得到的幸福感就会大打折扣。本质上，这就是我们规避风险的原因。为什么？假设你有 5 个苹果，我向你提出用这 5 个苹果换一次抛硬币的机会：掷出正面，我就再给你 5 个苹果；掷出背面，我一个苹果都不会给你。如果接受这种交易，你要么损失 5 个苹果，要么多得 5 个苹果。如果你能吃的只有苹果，损失这 5 个苹果所减少的幸福感造成的损失（因为你可能会挨饿），要大于多得 5 个苹果所增加的幸福感（因为你可以增加 5 个苹果的储粮）。因此，不接受我的提议，保留已有的 5 个苹果对你更好。换言之，规避风险是人类的合理特征，而且也正因为如此，我们几乎无时不在彰显这种特征。

目前我们讨论了有关类似事件的情感算术，但如果讨论的是截然不同的事件，情况又如何？彩票中奖和一晚精彩的夜生活会对情感有何增色？得知自己获得了重要的晋升机会与挚友突然离世的消息孰重孰轻？

能回答这些问题的研究寥寥可数，我们对该话题的多数认识都是间接的。我们知道我们对无论正面还是负面事件所产生的情感反应很大程度上取决于我们对各个事件的认知关注度。例如，假如我们接连经历了两个不同的正面事件，由于对两个事件的关注精力有限，我们往往会重视其中一件，而轻视另一件。所侧重的一般是我们较为看重的事件，这往往会减少另一个事件对情感状态的累积效应。于是，情感反应会接近于我们对其中一个事件所能产生的最大反应。因此，此处的情感算术并非两喜相加。

两个负面事件也是同理。我们的认知注意力会集中于二者中恶劣程度较高的一个，使得另一个负面事件的情感反应微不足道。

更加耐人寻味的情况是一正一负两个事件，在此情况之下，我们对每个事件的相对重视程度仍会在很大程度上决定着哪个事件对我们的情感状态影响更大。但不幸的是，负面事件几乎总是胜过正面事件。换言之，一正一负两个事件同时发生，若要我们侧重于正面事件，正面事件在我们眼中的重要性须远高于负面事件。如果其主观重要性仅仅是略高，我们仍会侧重于负面事件，二者相互抵消之后的情感影响仍是负面的。

临床抑郁症经常伴有的症状是偏执地关注消极想法，积极想法几乎被完全排斥。我们多数人对消极想法的关注度不致偏激到引发临床抑郁症的程度，但遗憾的是，一旦涉及喜忧相抵的情况，即便是我们之中最健康的人也会重忧轻喜。

第十八章

论傲慢与谦逊

挪威教授综合征

就在勇敢的生物研究学者阿莫茨·扎哈维苦心钻研不利条件原理的理论时，另一名研究者——经济学家迈克尔·斯彭斯也在钻研类似的理论，并最终因此荣获了诺贝尔经济学奖，该理论即“市场信号”。

在很多情况下，大学所学的具体专业不会教任何显而易见的技能，无法满足最终所从事职业的需求，但人们在进入就业市场之前仍会为了一张大学文凭而刻苦学习，斯彭斯最初想探究的便是其背后的原因。[1] 斯彭斯的解释依据是，天赋的智力因人而异，而天赋是事业成功的最重要预测指标——重要性远高于教育内容。

斯彭斯假定，智力水平较高者攻读大学学位的难度要低于智力水平逊于他们的同学。应聘工作者的学历记录了其受教育年限，但并不一定能反映其真实的智力水平，由此形成了天赋较高者积累教育年限以示智力水平较高的市场行情。换言之，他们以自己选择留在正规教育系统的年限为“信号”向市场展示自己优越的智力水平。

用人单位深知这一信号可证明求职者的智力水平，因而高学历便相当于高工资。根据这一理论，尽管人为增加教育年限能挣得高工资，智力天赋较低者若想以勤补拙拿到高等教育学位却需要痛下苦功。相比之下，高工资就显得不值得了，这样一来，市场无须让所有人都参加智商测试，即可让智力水平较高者脱颖而出。高等教育系统间接为市场代劳了。

斯彭斯的市场信号理论与不利条件原理显然相互关联。社会中的智力水平较高者接受深造教育的“负担”（我有学生不假思索地认可了上课是负担的概念……），是因为他们知道逊于他们的对手无力应付这样的重负。

多年来，斯彭斯的市场信号模型得到了很大程度的拓展，目前已用于解释多种不同的经济现象。例如，为何制造商愿意为产品提供保修？因为只有优质产品的生产商才能承担保修本身带来的财务风险。为何新兴企业的创始人会自掏腰包投资失败风险极高的项目？因为他们自愿投资实现自己的创意，这表明他们对自己终会成功笃信不移。

斯彭斯的模型也解释了许多社会行为。炫耀性消费就是一个例子，买豪车、穿金戴银、在高级俱乐部办派对，这样是在直接向社交圈子的所有人宣布你腰缠万贯，同时也间接地告诉了他们你天资聪颖、事业有成。不足为奇的是，这一现象在俄罗斯等国的普遍性要高于西欧。在西欧，摆阔炫富并非个人能力的最可靠标志，因为所涉及的财富可能是前几代人积攒下来传到他手上的。这一点在俄罗斯并不成立，在如今的俄罗斯，几乎可以肯定所有富翁都是白手起家。因此，炫富就成了彰显个人能力的方式。

炫耀行为不仅限于财富和消费。学者通常对炫富兴趣寥寥（而且往往本身也并不富裕），然而他们却愿意吹嘘自己的学术成就。在这种情况下，炫耀行为表现为吹嘘自己发表过的著作或文章数目，抑或受邀在权威会议上发表演说的次数。牧师指出自己有多少信徒、清点自己拯救了多少灵魂，以此对自己的修行技能自吹自擂，也是出于同样的心理（和经济因素）。

炫耀行为的界定不以表现炫耀的方式为准，而以炫耀行为本身为准。18 世纪，东欧的犹太社区中出现了几个规模很小、离经叛道的极端弥赛亚教派。这些教派极尽所能地以最极端的形式践行教义，以此进行互相攀比。其中一个教派尊崇谦逊高于一切，以表达人类在神权面前的卑微，按照其母语意第绪语，该教派的格言为“Ich bin gur nicht”，意即“我毫无价值”。在祷告时，每名信徒都会轮流当众进行自我羞辱，再三重复自己的肉身存在是多么卑微。

某日，一名新信徒从别的镇子搬了过来，他恰巧身材高大，外貌出众。由于预先得知了众人对他的要求，祷告仪式一开始，他便浮夸地匍匐在地，声嘶力竭地高喊："在上帝面前，我只是蚯蚓一条，我无足轻重，还不如一粒沙子！"附近的两名老信徒看着这种场面相互耳语道："瞧瞧！他上午才加入我们，就已经觉得自己无足轻重了！"

对于炫耀和傲慢行为，许多人类社会所表达的价值观乍看起来都是自相矛盾的：炫耀是缺点，谦逊反而算作优点。谦逊的优点源于不利条件原理：时刻保持谦逊、不锋芒毕露的人似乎将自己置于社会竞争的不利地位。但这正是谦逊的力量源泉，不事张扬之人意在表明自己资质极高，无须以外在表现来博取认可，或者其社会地位已经很高，没有必要再往上爬了。

社会对谦逊和傲慢的看法与这些特征出现的频率有关：在傲慢成风的社会，谦逊被视为弱点；在以谦逊为主的社会，傲慢被视为夸大自我形象的轻率行为。

几年前，我初次造访奥斯陆，发现了不同国家的社会态度差别之大。我对招待我的主人提到街上停的豪车屈指可数，甚至城市里最高档的地区也不例外。他们回答称，奥斯陆富人虽多，却很难看出来哪些人是富人。高收入劳动者与中等收入职工之间的区别仅体现在银行账户上，从消费者的角度来看，两种人无从区分。这种公开的谦逊行为与逃避税收无关，如前文所述，挪威税率之高在世界上位居前列，它却是世界上逃税率最低的几个国家之一。

谦逊在挪威深入人心，所涉及的远不止金钱和消费。我想深入了解招待我的一位主人——奥斯陆大学经济学系的全职教授、一位善解人意且富于智慧的人——时，发现了他在自己网站上发布的自我简介，旁边附有他的照片（引自特沃斯基和卡尼曼1984年的一篇论文）[2]：

> 谢尔·阿恩·布莱克生于1960年8月。他富于才智，却想象力匮乏，缺乏自制力，常常毫无生气。在学校，他精于数学，拙于社会学和人文学科。他往往不注重衣着，这从照片里他衣冠不整的样子便可看出。不过，他确实嗜好弹奏爵士乐。

如前文所述，如果说傲慢是自信和实力的体现，谦逊便可视为不利条件原理的一种形式。对于已有声望的人来说，张扬并无益处，对于他们来说，通过谦逊来展现实力反而有效得多。果尔达·梅厄是以色列历史上唯一一位女总理，以政治风格强硬而闻名。20世纪70年代初，她接见了一位赴以谈判的重要的美国外交官。外交官结束讲话后，梅厄的几名顾问看到她向外交官耳语道："你不应该如此谦逊，你还不够格。"

第十九章

自负与风险

“我不会中枪”综合征

肯尼斯·阿罗是现代经济学领域普遍公认的鼻祖之一。曾有10年的时间，我和他共同主持了耶路撒冷经济学暑期班，该暑期班每年招收来自世界各地的前沿研究学者和博士生。因此，我有幸借机同他多次深入长谈，话题多为决策的哲学。在一次交谈中，他讲述了他从统计学家和运筹学者梅里尔·M. 弗勒德的演讲中听来的一则故事。

在美国与日本打持久战期间，弗勒德研究组的任务是为打破僵局提供解决方案。美军在战略上非常重视对太平洋塞班岛的攻克，塞班岛距东京有2 000多千米，当时被日军占领。该岛对美国有着重大的战略意义，因为这里可以建成加油基地，供袭击日本本土目标的轰炸机在中途进行补给。直接攻占该岛的方法是，先由精锐的空军中队按计划对该岛上驻扎在壕沟内的日军进行大规模空中轰炸，再由海军入侵部队登陆完成占领。

作战规划师估算空中轰炸需要大量军火才能达成目标，而投掷大量的炸药又需要每名飞行员执行多次轰炸任务，从离岛很远的飞机场多次往返。飞行员每次执行突击任务都要冒极大风险，暴露在高射炮和日本歼击机的射程内。此外，一架飞机装的炸弹越多，每次突击的效率就越高。但多装炸弹也会增加飞行员的风险，炸弹自身的重量加上往返目的地所需的燃料重量会制约飞机面对敌军火力时的机动性。

与弗勒德小组合作的陆军航空队幕僚计算出了单架飞机所承受重量与飞行员所处风险之间的准确关系，弗勒德小组的任务是用数学公式计算出对敌军投掷所需炮弹并将预计飞行员牺牲人数降到最低的最优方法。主要的难题在于是执行多次低风险突击还是执行少量高风险突击。

经过数日的集思广益，小组得出结论，确实有一种最优解，既能将预计飞行员牺牲总人数降到最低，又能完成作战任务的目标。研究该问题的所有研究员一致同意这一建议方案，内容如下：参与该任务的所有飞行员进行一次抽签，其中 1/4 会被选中。每名中签的飞行员则须执行唯一一次轰炸任务，其飞机要尽量多装炸弹。由于每架飞机的炸弹负荷达到了上限，整个任务只需 1/4 的飞行员即可完成，另 3/4 飞行员在这次轰炸任务中则不负担任何职责。然而，为使载有大量炸弹的飞机能够顺利起飞，执行本次任务的每架飞机所装载的燃料量仅够单程飞往轰炸目标。

换言之，按照这一建议方案，1/4 的中签飞行员将有去无回，因为飞越敌区却没有足够的燃料返回基地，这本身就是自杀性任务。相反，另外 3/4 的飞行员则毫无牺牲之虞，因为他们根本没有飞行任务。

实际上，计算结果表明，这一方案对飞行中队造成的总风险最低。通过抽签选出必死无疑的人，意味着每名飞行员有 75% 的生还概率。而在研究员所研究的其他所有建议方案中，每名飞行员的预计个人生还率均远低于此。

然而，飞行员却一致坚决地反对这一方案，他们宁愿将炸弹在他们中间进行平均分配，执行多次飞行突击任务，面对敌军火力一试身手，也不愿由抽签来决定谁生谁死。所幸，海军陆战队攻占了距东京仅约 1 000 千米的硫黄岛，燃料与炸弹之间的取舍丧失了重要性，所有讨论才宣告终止。

我向学生讲述这则故事时，他们的反应多是声称研究小组的建议方案因不公平而有违道德。但他们错了，这一方案确实以非常公平的方式完成了在预期情况下最大限度挽救生命的规定目标，因为每名飞行员在抽签中被选中执行自杀性任务的概率均相等。实际上，飞行员所青睐的方案反而有失公允，因为这一方案并未让每名飞行员享有同等的生还概率：技术较差的飞行员或在轰炸前一晚不幸失眠的飞行员所承担的风险要高于其他飞行员。

对于飞行员拒绝接受研究者方案的做法，我所倾向的一种解释与心理学和经济学文献经常研究的一个现象——自负——有关。多数人时常自欺欺人地以为自己有着不切实际的出众能力，这便是著名的“我不会中枪”综合征。我们每次听说别人失败，都常会见到这种现象。如果你没有发现自己有这种表现，请和一组朋友或同事进行以下这个简单的实验。

选择一种组内成员水平参差不齐的技能，如驾驶或烹饪。问他们如何评价自己的能力：你认为组内多数人该项技能的水平是优于你，还是逊于你？如有可能，对不止一项技能提出该问题。

集齐答案后，你或许会惊讶地发现，绝大多数乃至所有回答者都声称自己的能力在组内处于上游（意即所有人都相信自己要优于组内多数人）。在此情况下，肯定有部分组员表现出了自负倾向，因为理论上不可能出现组内绝大多数人都处于上游的情况。

故事中的飞行员显然也有自负表现。每名飞行员都认为自己的个人飞行技术远优于中队内的其他人，面对敌军的生还概率要大于 75%。尽管根据专家计算，飞行员的操控会因所装载的炸弹净重而严重受限，因而每次突击的成败几乎完全听天由命，并不取决于技术水平，但每名飞行员仍然凭直觉认为“我不会中枪”。正因为如此，他们才宁愿相信命运由自己掌控的错觉，也不愿将命运交由完全不受其左右的抽签结果决定。

假如采取飞行员所青睐的方式执行轰炸任务，派所有人出动抗敌，我相信他们对自身技能的高估程度和专家的先见之明都会表露无遗。对所有参与者来说，所幸的是，美方找到了轰炸机进攻日本途中进行燃料补给的替代方案，这项任务在预定时间前几个小时被取消。

2000年，加州大学的研究员特里·奥登和布拉德·巴伯对自负及其影响进行了一项有趣的研究。[1]研究者研究了股市投资者在数年间的行为，重点是类似抛售A股票并用收益以等价买进B股票的行为。投资者唯有在预计B股票涨势要大于A股票的情况下，进行此类交易才算理性。实际上，奥登和巴伯的数据表明，此类交易平均每次带来3%的损失。换言之，投资者买进卖出，手中的投资组合不仅不会获得平均利润，反而还会产生损失。算上交易费等管理费用，累计损失还要更高。研究得出的结论是，自负导致交易量较高，由此形成的股票组合盈利表现却较差（因此，“交易有损财富”①）。因此，许多投资顾问推荐投资与指数挂钩的基金②，而非单只股票，同时不聘用容易对自己预测股市价格未来走势的能力产生自负情绪的投资经理。

几年前，五名职业投资经理参加了一场由以色列报纸举办的投资竞赛，每名投资者均获得一大笔虚拟货币，可在为期6个月

① 奥登和巴伯因该项研究而发表的论文名为《交易有损财富——个人投资者的一般股市投资表现》。——译者注

② 与指数挂钩的基金，即基金的利率与特定的价格指数相关，一般为消费者价格指数。——译者注

的时间里用于交易。除五名人类投资者之外，还有第六名选手参赛，即该报所谓的“猴子”。猴子实际上是一项计算机程序，在比赛刚开始的时候随机选择投资股票，而其随机形成的股票组合随后在整个比赛期间保持固定不变。

半年过后，将所有选手的股票组合收益由高到低进行排序，猴子位居第二，其收益高于四名人类职业投资经理。对于自视为股市专家、以选择投资组合为职业而赚取高薪的人来说，这无疑是令人难堪的结果。猴子之所以能成功，主要是由于其有所不为——没有频繁买进卖出股票。

自负并非与生俱来，而是后天习得的。在叵测的情境中做决定时，我们需要预估每种可能后果出现的概率。例如，对股票升值或贬值概率的预估会影响我们是否买入股票的决定。我们对明天下雨概率的预估会影响我们是否带伞的决定，而对发生大地震风险的预估会影响是否购买地震险的决定。

我们一生中会得到很多提示，可以此修正对某些事件发生概率的预测。通过将过往情况考虑在内，修正后的概率会增强或减弱我们相信这些事件会发生的坚定程度。例如，假设隔壁房间有两个小坛子，各装有 100 枚钱币。第一个坛子里混装有 50 枚金币和 50 枚铜币，而另一个坛子装有 75 枚金币和 25 枚铜币。假如另一个房间的人通过掷硬币随机选择其中一个坛子给你，并问你拿到较好坛子（有 75 枚金币的坛子）的概率是多少，你多半会给出 50%这一正确答案。

然而，假设你可以对随机拿到的坛子进行取样，拿一枚硬币出来查看一下，再放回去。如果你拿出来的是金币，你还会坚持预测你有 50%的概率拿到了较好的坛子吗？当然不会。你得到了表明这是较好坛子的提示（但仅仅是提示，而非证据），你会相应地修改你的看法。

贝叶斯公式（以 18 世纪的数学家托马斯·贝叶斯命名）是用以在得到新信息后重新计算此类概率的精确数学公式。在此例中，贝叶斯公式得出，随机抽取一枚硬币且经查看为金币后，你认为得到较好坛子的概率则上升至 60%。假如你再随机抽取一枚硬币并放回，发现也是金币，这会再次修正概率，提高预估值。但每次抽出铜币则是不良提示，会降低你估算得到较好坛子的概率。只要坛子中的硬币混合均匀，进行充分取样，估算概率会接近 100%或 0。两种情况下，你均会十分接近于确定面前是哪个坛子。

至此，读者或许会问这一切和自信有何关系。关系如下：我们永远不可能确切地知道自己的某项技能是优于还是逊于平均水平。从这个角度来看，我们对自身能力的认识类似于我们对抽取硬币的坛子是哪个所形成的认识。我们确实能得到有关自身能力的日常提示，这些提示与上例中的硬币抽样相似。例如，我们每次做饭，都能看到有关烹饪水平高低的提示。如果今早给配偶准备的炒鸡蛋煳了，我们便得到了负面提示（类似于从坛子里抽到了一枚铜币），并且应相应地降低自认烹饪水平优于常人的概率估算值。如果我们自己下厨做了许多道菜请客，客人一口不剩地吃光了盘子里的菜，我们便得到了正面提示（类似于抽到一枚金币）。我们拍照、选择优质金融投资项目或广结人缘的能力也是同理——对于生活中的每项技能，我们都会利用所得到的提示评价自身的水平，每个提示都会让我们修正自己优于或逊于常人的概率值。当然，日常生活中一般不会严格地使用贝叶斯公式，我们使用的是记忆和直觉，每次提示都会留存在脑海的记忆里，一点一滴地改变着我们的看法。在很多情况下，这种直觉式的修正非常接近于贝叶斯公式提示的我们应采取何种行为。

读到这里，你一定会问：那么有什么不对？为什么你要指责我们太过自负？答案是，只有在评估他人的时候，我们才能相当准确地修正看法。而在评估自己的时候，我们会完全不自觉地篡改公式、偏袒自己。贝叶斯公式要求对正面和负面的提示予以同等重视，但我们的认知和情感系统却背道而驰。再次以烹饪水平的自我评估为例，我们多数人对于烹饪会重成功而轻失败，看重自己做菜最成功的几次，却忘了炒煳的几次。

对此现象，尤里·格尼茨、缪里尔·尼德尔和阿尔多·拉切奇尼通过一项令人信服的实验室实验合著了一篇论文。[2] 在实验中，学生须解答相对简单的谜题，同时在答题间歇期重新评估自己的解题能力。这些学生有系统地重成功而轻失败，因此他们往往高估自己的答题水平。在实验中，除了对自己的能力进行评估，学生还要对自己成功解答下一题的概率进行下注。由于自负倾向，其下注结果平均下来是亏钱的。

直到最近，研究者才开始揭示我们高估自己的原因，但有理由假定我们的情感对这一现象的形成起了尤其积极的作用。我们对成败的反应主要为情感反应，伴之以愉悦感或失望感。而影响情感反应的因素或许就有我们对一生所见的记忆力，我们的记忆是有选择性的，重视生活中的正面事件，而忽视负面记忆。

铭记前车之鉴无疑是保障生存的一个重要因素。假如史前人类在狩猎中不能吸取失败教训，三番五次地到同一块林中空地，却每次都看到跟踪的猎物从眼前溜回到林子里，试想一下情况会如何。尽管如此，为何进化未能让我们拥有有效了解自我价值的能力，让我们免于自负的困扰？

答案是，尽管会造成一定损害，我们的自负倾向却也有其优势，实际上，是几大重要优势。首先，自信的作用类似孔雀尾屏的作用，可以在多种社交场合中提升我们的“市场价值”，其中包括从进化论角度而言最重要的交际——与繁殖有关的交际。

在资源和领地的竞争中，自负也能为个人带来优势，因为自信的表现可以威吓敌人。正如在均衡状态中，个人的情感状态只有发自内心才能有效地影响他人，装腔作势的自信也不如油然而生的自信有效。你若想让别人相信你能力超群，最好自己也要对此笃信不移。

自负的第三个优势是自负可以促进乐观情绪的形成，甚至有点过度乐观。乐观促进行动，行动有益生存，因此乐观也有益生存。再次假设有两名史前猎人，一个有点乐观，一个有点悲观。乐观的猎人一早醒来便迫不及待地抓起狩猎装备，相信今天他一定能刺中草原上跑得最快的水牛。相反，悲观的猎人早上却在洞穴里往鹿皮毯子下钻了钻，没有起床，同时还嘟嘟囔囔地说他乐观的同伴有多傻："那位误入歧途的乐天派难道就不明白，他从早到晚挥舞着磨尖了的长矛，翻山越岭，到太阳下山的时候还是得白忙一场、空手回家吗？"猜猜两名猎人谁捕回一头水牛的概率更高。

1989 年发表的一项大规模精神病学研究对比了心理健康人群与临床抑郁症患者所做出的概率估计。[3] 两个组别的人须分别估算自己遭遇负面事件的概率，如患病、在事故中受伤、失业等。此外，他们还须估算自己经历正面事件的概率，如找到伴侣、彩票中奖等。

研究人员将两个组别给出的答案与每种事件的客观概率进行对比后，发现较为悲观的临床抑郁症患者对正负事件概率的估算要比健康人准确。事实证明，抑郁症能让你变得更加现实，尽管如此，却很难因此推断出带有抑郁倾向的现实主义能带来多大的生存优势。恰恰相反，反而是较为健康的人所接受的不实幻象让日常生活变得更加轻松，增加了我们的生存概率——前提是这种美好的幻象没有太脱离现实，而妄自尊大会作茧自缚。

尼德尔和韦斯特隆对自信进行过另一项很有意思的研究，这一次对比的是男女差异。[4] 与流行看法相左，男性的自信心并未强于女性，两性均有同等程度的自负倾向。但据发现，男女在得到新提示后对自我评估的修正方式有显著差异。一般而言，男性更善于修正有关自身能力的概率，他们对正面和负面的提示均会给予充分的重视，更容易更改最初的评估。相反，女性的自我评估（无论是高估还是低估）更加固定，成败对其自我评估的影响较小。

这种性别差异很可能有进化论依据，但即便因进化而形成的自我评估差异微不足道，社交活动也往往会将这种差异放大。在婚配市场，每个人都有意传播与自己的性别最密切相关的特征（即女性希望强调自己的女性气质，而男性则要展示自己的男子气概）。性吸引对多数人类的作用方式与其他高度发达的动物非常相似——每个个体都会寻找异性特征尽可能多的伴侣。

有一则故事讲的是，某日传奇投资家沃伦·巴菲特在波士顿附近的 1 号公路上开车时接到了妻子的电话。

“沃伦，开车小心点，”他的妻子说，“我刚刚听到广播说 1 号公路上有个白痴在车流里逆行。”

“亲爱的，”巴菲特回答道，“我倒希望只有一个白痴，我看到几十辆车都在逆行！”

在这则笑话中，巴菲特不仅表现出了唯我独尊般的自负，还展示了自己标新立异、拒不随波逐流的姿态。然而，如下一章所述，我们尽管有着自负倾向，实际行事却往往循规蹈矩。

第二十章

随声是非

论“羊群效应”[①]的根源

偶尔和朋友在高档餐厅共进晚餐的时候，我会留意到一种奇怪的行为现象。我们全部从头到尾仔细端详了菜单上的每一道菜，甚至讨论了想点什么、不点什么之后，决定的时刻到了。假如我不幸是被服务生询问的第一个人，我会斩钉截铁地做出大胆的选择。

轮到服务生问下一个人想点什么的时候，我满怀同情地看着她。但到第三个人点菜的时候，我挑起了眉毛。而轮到第四个人的时候，我已经开始冒出冷汗。此后，我甚至无心再听剩下的人

① “羊群效应”，指动物（牛、羊等畜类）成群移动、觅食的行为。经过引申，这个概念被用以描述人类社会现象，指像大多数人一样思考、感觉，与大多数人在一起，与大多数人的行为一致。这个概念还被金融学家用来描述金融市场中的一种非理性行为，指投资者趋向于忽略自己手中有价值的私有信息，而跟从市场中大多数人的决策方式。——译者注

点了什么——只知道自己已经铸成大错。我别无他法，只能如坐针毡地等服务生记完点菜单走开。这时，我无力地向朋友致歉，跑到厨房更改点菜单。

所以如果你经历过与此有几分相似的事件，你并不是一个人。

一旦我们要和别人同时做决定或排在周围人之后对同一问题做决定，我们的自负倾向便烟消云散了。此时的我们最容易随波逐流，面对多数意见，立刻人云亦云，放弃自己的主张。

我们这种随波逐流的倾向并不一定与自信倾向相互矛盾。自信与我们对自身能力的主观判断有关，而随波逐流的倾向则往往是由于信息处理有误。有时，这源自怕被视为异类的心理。

“羊群效应”在许多社交场合都有着重要影响。在经济学、金融学和心理学界，对这一话题的研究多达数百项。在某种程度上，“羊群效应”造成了许多金融市场的崩溃及崩溃前的泡沫，这也是许多错误偏见易于传播的原因（例如，假如我看到我认识的人都没有雇用残障人士，那或许我最好也不聘用残障人士）。这还会造成单一思想和行为的形成，从而使社会的创造力和革新受到压制。但“羊群效应”最恶劣的影响还应算是，会有很多人因此在动态过程中做出错误决定，其中的每个人虽用意良好，却以错误的方式影响了周围的人。

假设你在西班牙的马拉加市度假，正在找吃午餐的好地方。找了个遍后，你又饿又累，决定无论如何，再路过一家餐厅就进去。一分钟后，你发现眼前有两家相邻的餐厅：一家人满为患，几乎看不到空桌，另一家则空无一人。不难猜测你会选择哪家，你决定走进人满为患的餐厅。这究竟是源于有效的信息处理，还是因为对餐厅一无所知，却让受到误导的群众迫使你做出了错误的决定，研究人员对此莫衷一是。

我们将用该例说明即便人人均完全依理性行事，“羊群效应”仍会产生。所谓完全依理性行事，即每个人均符合以下条件：

1. 个人拥有自己的信息来源，并利用这些信息做出正确的决定。

2. 每个人均完全理解如何使用概率模型，且运算能力不存在局限性。

3. 个人均寻求自身利益的最大化。

即便是在理性健全的完美条件下，“羊群效应”也完全有可能导致所有人都选择较差的餐馆。

假设一家餐厅叫萨尔瓦多，一家餐厅叫斗牛士，再假设萨尔瓦多餐厅胜过斗牛士餐厅，现在假设某日有100名游客要决定去萨尔瓦多还是去斗牛士吃饭。在这些假设条件下，接下来我会描述导致100名游客经过理性思考和精心算计后选择斗牛士餐厅的过程。

假设在来到马拉加之前，每名游客都查阅了一些有关该市餐厅的信息，这些信息并不足以完全确定两家餐厅的优劣，但姑且假设每名游客均稍稍倾向于萨尔瓦多。譬如，每名游客均认为萨尔瓦多餐厅较好的概率是 51%，而斗牛士餐厅较好的概率仅有 49%（例如，有畅销的旅行指南指出萨尔瓦多餐厅曾在米其林餐厅排名中领先，这样便会形成这种结果），这种情况便会出现。

来到马拉加后，游客得到了有关餐厅品质高下的另一个提示（如朋友发来的邮件、网站排名或酒店职员的推荐）。可以顺理成章地假定，既然萨尔瓦多餐厅的客观品质更高，萨尔瓦多的正面提示会多于斗牛士。但这些推荐存在随机成分，例如游客收到朋友发来的邮件，但这位朋友恰好以前去过斗牛士餐厅，而且喜欢那里的菜肴（毕竟，斗牛士餐厅并不差，只是不如萨尔瓦多而已）。

根据新得到的信息，每名游客此时都用贝叶斯公式修正了自己对两家餐厅水平高下的概率估计。须记住，我们假定所有游客不仅行事理性，还是概率论专家。再假设所有提示都言之凿凿，因而经过这次修正之后，所有游客都胸有成竹地认为自己知道哪家餐厅确实更好。鉴于所有人都具备理性思考能力，一名游客得到的提示中，若一家餐厅有一条正面提示，另一家有两条，则该名游客会修正自己的估算概率，认为有两条正面提示的餐厅胜出一筹的概率较高。

***

现在，我们来看主菜。假设上午 11 点 59 分，全部 100 名游客排队等候两家餐厅在正午开门迎接蜂拥而至的食客。每名游客都收到了一条有关两家餐厅优劣的提示，而排在队伍最前面的两名游客收到了有关斗牛士餐厅的正面提示（再次提醒，有些游客收到了推荐斗牛士餐厅的信息，而其中有两个人恰好排在队伍最前面，这不足为奇）。

正午时分，两家餐厅的正门打开了。在两家此时仍然空无一人的餐厅前，有服务生在殷勤等候午餐食客进门。排队的每名游客相继依次且完全理性地决定自己去哪家餐厅就餐，排在队伍最前面的游客目前收到的是有关斗牛士餐厅的正面提示，因而以此为依据，自然而然地选择了斗牛士餐厅。第二名游客也收到了有关斗牛士餐厅的正面提示，因此做出了同样的选择。

第三名游客呢？姑且假设，在正午时分之前，她收到的提示是萨尔瓦多餐厅略胜一筹。然而，她刚刚看到排在她前面的两个人选择了斗牛士餐厅，她因此推测他们两人都收到了有关斗牛士餐厅的正面提示（显然与她所收到的提示不同）。现在，她可以将这条新信息考虑进决策过程：她（根据排在她前面的两个人所做出的选择）知道斗牛士餐厅有两条提示，而萨尔瓦多餐厅只有她此前收到的一条提示。这使得斗牛士餐厅与萨尔瓦多餐厅的票数之比为 2∶1，前者占多数。第三名游客因此立即走进斗牛士餐厅吃午餐，推翻了她个人此前收到的提示。换言之，第三名游客无论自己收到什么提示，都会选择斗牛士餐厅。

第四名游客所处情况与第三名游客相似。他知道自己从第三名游客的行为中无法确凿地了解到任何信息，她选择斗牛士与她自己收到的提示无关，但他知道前两名游客确实收到了有关斗牛士餐厅的正面提示。从他的角度来看，斗牛士餐厅的正面提示因此多于萨尔瓦多餐厅，他于是也直接进了斗牛士餐厅吃午餐。

至此，任何人都应该明白这群有趣的午餐食客会有何表现。每名游客都会根据前两名游客的选择（其他人的选择无关紧要，因为他们的选择也是根据前两人的选择做出的），按照与第三名游客相同的推理方式，选择斗牛士餐厅，放弃萨尔瓦多餐厅。因此，萨尔瓦多的可怜老板虽然兢兢业业地做出了胜过斗牛士餐厅的美食，却要整个下午都在空荡荡的餐厅里，垂头丧气地看着自己的竞争对手斗牛士餐厅座无虚席，招待城里的每一名游客。

上述故事是以一个数学模型为基础的。1992 年，加州大学洛杉矶分校的三名金融学教授在其所发表的一篇论文中介绍了该模型。[1] 论文作者称，如其模型所示，“羊群效应”通常是由最严谨的理性思考造成的，而非因随波逐流、缺乏自信等倾向而形成。完全理性却仍会导致“羊群效应”，这是一个非常奇妙的发现（尽管略牵强）。但这是否真的是“羊群效应”实际产生的方式呢？

正是为了回答这一问题，我和三名同僚（分别来自德国的马克斯–普朗克研究所、巴黎大学和阿伯丁大学）进行了一项研究，研究的主要内容是引起“羊群效应”的一项实验室实验。[2] 在我们的实验中，受试者无须选择餐厅。相反，我们利用上一章所述的坛子来进行实验。

两个坛子装满了球，且各装有 100 只，第一个坛子有 50 个红球、50 个黑球，第二个坛子有 25 个红球、75 个黑球。受试者得知，从两个坛子之中选择其一，选中第一个坛子（50/50）的概率为 51%，选中第二个坛子（75/25）的概率为 49%。他们还得知，猜对了实际选中的那个坛子有酬金。每名受试者依次有一次机会暗中随机从坛子里抽取一个球，查看颜色后，再放回坛子。此后，受试者须当着其他所有受试者的面，公开宣布自己猜测选中了哪个坛子（请注意，这种公开宣布类似于前述故事中的选餐厅，猜对了坛子的内容则类似于选对了较好的餐厅）。

不出所料，我们在实验室里成功引起了显著的“羊群效应”。9 人中，一旦有 3~4 人做出相同的猜测，羊群行为往往就会形成。即前 3 名参与者公开宣布了相同的猜测结果后，每轮实验中的余下 6 人不论自己从坛子里拿出的球是什么颜色，也会做出相同的猜测。

在实验的第二阶段，我们仔细地验证了加州大学洛杉矶分校的三名教授对“羊群效应”的产生提出的解释是否经得起推敲。须注意，其解释的一个重要依据是假定前两名游客做出相同选择后，其余游客都会效而仿之，但其他人在这么做的同时也知道他们只能从前两人的行为中了解到一定信息，其余人的行为则无意义。换言之，最后一名游客看到排在他之前的99名游客都走进了斗牛士餐厅，而第三名游客只看到他之前的两名游客选择了这家餐厅，两人认为斗牛士餐厅品质较好的把握不相上下，因为两人做出决定的唯一依据均为前两名游客的决定。

对我们来说，这听起来并不现实。果真如此的话，即是说假如我们给最后一名游客一条提示，而这条提示略好于前两名游客得到的提示，他会完全根据自己得到的提示进行选择，即便看到排在他之前的98名游客做出了与自己的不同选择也不予理会（因为除了排在最前面的两名游客，其他所有人的行为均应忽略不计）。我们在实验中安排了相同的条件，以验证这些假设。在实验中，被选中的受试者在“羊群效应”形成的不同阶段，得到了额外提示，这些提示远比其他人得到的提示准确，透露了哪个坛子被选中。

如果加州大学洛杉矶分校教授的解释为真，这些受试者理应每次都遵循他们所收到的提示做选择，不理会他们所看到的“羊群效应”规模。但事实并非如此，“羊群效应”刚刚开始形成的时候，只有少数几名受试者做出了相同的猜测，得到私密额外提示的受试者遵循这些提示的次数确实要多于从众的次数。但“羊群效应”形成强大的声势后，他们却如我们所料，忽视了私密的提示，选择了从众。我们的结论是，加州大学洛杉矶分校的解释经不起仔细推敲，相较于其模型得出的结果，“羊群效应”更加稳定，不易动摇，无法用完全物质化的理性框架解释。

认为“羊群效应”的形成只有一个主要原因，这并不合理。“羊群效应”产生的条件是相对的，即便是房地产泡沫或股市崩溃等现象，也有多种因素在起作用。股市出现下跌态势时，我们往往会抛售手中的股票，因为股价下跌可能表明市场的基本面开始出现颓势，我们指望股票赢利的预期值也相应地调低了。即便我们完全有把握股价下跌仅仅是由于非理性恐慌，而市场的基本面仍然强劲、稳定，我们尽快将所持股票出手也是理所当然的。既然其他人都在抛售，我们的股票留在手中，每分每秒都在贬值。换言之，很有可能所有人在理性层面都明白，从根本上说，完全没有合理的理由去抛售股票，逃离市场，但人人却偏要这么做，因为他们认为其他人也都会这么做。

实际上，许多金融危机都是由这种自圆其说的预测引起的。正是在此种情况下，政府干预对重建信任、重启合作最为有效，可缓解导致投资者逃离市场的恐慌情绪。正因为如此，许多政府才会延长银行账户的存款保险。否则，银行挤兑会更加司空见惯。

相反，在很多情况下，“羊群效应”之所以产生，是因为人们渴望融入某些群体，时装潮流、艺术风格乃至意识形态在社会里的迅速传播都是这一现象的例子。在此种情况下，信息与概率修正并无影响，原因只是某些人想要获得其他人的认同。“羊群效应”的许多例子都源于此前某章探讨过的集体情感类型。

在经济学文献的研究中，有另一个现象未被归为“羊群效应”，但显然与其有关，那就是同伴效应。在出现这种效应的情形中，同伴（工作同事、同学等）之间往往相互模仿对方的行为。2001 年，达特茅斯学院的经济学家布鲁斯·萨克多特发表了一项研究，探讨了同伴对学生在大学学业中投入多少时间与精力有何影响。[3]背景各异、不同专业的学生被分到学生宿舍里，两人一间，学生对分宿舍不起作用或毫无影响，如何划分完全随机决定。尽管如此，到学年末同寝室的学生所拿到的学习成绩显示出了高度相关性。研究的结论是，这种相关性是因舍友间的相互影响形成的。投入时间勤奋学习的学生显然影响了其舍友。

在数项研究中，同事之间也发现了类似现象。对员工来说，他们有让同事勤奋工作的正向诱因（因为同事工作越努力，工作单位就越成功，这有利于所有员工）。而在学业勤疏方面，为何同伴效应会出现在背景各异、不同专业的学生中间，这更加难以解释。一个可能的解释仅将原因归结为人类模仿他人行为的倾向，但这一现象也可能源于竞争心理。

实际上，对于各种各样的“羊群效应”，最简单、最普遍的解释要回到本书此前阐述过的原则理性和行为理性之区别。准确处理信息是难以完成之事，专家往往也无能为力。为说明利用正确的概率推理来进行决策的难度，请思考以下三则摘自科学期刊的故事：

1. 2011 年，脑科学研究领域的主要期刊之一《自然神经科学》发表了一篇论文，探讨了神经科学家在概率计算方面所犯的常见错误。[4]作者检查了两年间发表在顶尖脑科学期刊上的 513 篇论文，他们发现，在可能会出现概率错误的 157 篇论文中，有一半确实犯有此类错误，令其所得出的结论存疑。

2. 在诺贝尔经济学奖获得者丹尼尔·卡尼曼做过的最令人印象深刻的实验中，有一项是和长期合作者阿莫斯·特沃斯基共同主持的，研究了医师在做决策时进行概率计算的能力。[5]卡尼曼和特沃斯基的简单实验以美国顶尖医院的实习医生为受试者。实习生可看到癌症患者初步确诊后五年内死亡率的真实数据，数据按其所接受的治疗类型划分：手术和放疗。两组实习生拿到的是完全相同的数据，但表达方式有异。一组所看到的是癌症患者五年内的死亡率，而另一组看到的是同期内的存活率（例如，假如一组得知有 60% 的手术治疗患者在五年内死亡，另一组得知的便是有 40% 的手术治疗患者在五年内活了下来)。显然,两组数据本意相同。尽管如此,两组实习生却根据数据的呈现方式,给出了截然不同的治疗推荐。

3. 丹尼尔·卡尼曼的学生玛雅·巴尔-希勒尔做过一项耐人寻味的实验,以以色列的高级法院法官为受试者,研究了他们对概率原理的认识程度。鉴于以色列的司法系统(和所有西方国家一样)是以要求"排除合理怀疑"的证据标准为基础建立的,巴尔-希勒尔想调查清楚法官认为怎样才算合理怀疑,以及他们是否正确运用了他们誓要维护的标准。为此,她给法官看了证物样品,让他们决定这些样品是否符合提供证据须排除合理怀疑的要求。

以下是巴尔-希勒尔在研究中所用证据的一个例子,表述略有不同:一名司机向法院申请审核他收到的一张违规停车罚单。当时,他的车所停的位置,最多只能连续停一个小时。一名交通协管员作证称他两次看到这辆车停在同一位置,其间相隔一个半小时。司机为自己辩护称,他在那个位置停了45分钟,把车挪到了后方的位置,15分钟后又挪回了前一个位置。因此,他并未在同一位置连续停一个小时以上。

交通协管员反驳称,在此例中他记录了两次看到该车停在同一位置时四个车轮进气阀的位置(位置分为四种:东、西、南、北),从而仔细监控了该车的位置。两次的位置完全相同。这一发现得出的主张是，一辆车开走之后再回到同一位置，四个进气阀位置完全相同，这并不合理。多数法官同意这一主张，他们解释称，假如只观察到一个轮胎是此种情况，他们会较倾向于不接受这一证据，但如果观察到四个轮胎都是这种情况，就很有说服力了。

仅有少数几名法官发现，车辆进行直线、短距离移动后，假如一个轮胎的进气阀恢复到了原先的位置，那么所有四个轮胎几乎肯定都会如此。实际上，进气阀在完全随机的情况下恢复到同一位置的概率接近25%，因而可以相当合理地假设司机确有可能先开走了车，后又回到同一位置。

一般而言，由于我们在需要进行复杂概率计算时，无法进行有效决策，我们往往会转而使用捷径推理[①]。假设“多数即正确”的捷径推理观点是一个简单的例子，在许多现实情况中对我们很有用处，那么由此产生的“羊群效应”固然令人遗憾，也终归属于尚可接受的副作用。

① 实用的推理学目前有三种：演绎推理、归纳推理和捷径推理。捷径推理是指根据以往类似问题的经验累积来进行推理。——译者注

第二十一章

团队精神

高奖金与怠工的悖论

职场行为是一般经济学及具体的行为经济学所研究的最重要课题之一。近年来，我本人也尤其重视这一话题。

这一话题之所以如此重要，一个基本原因是，几乎所有商业企业最昂贵的生产要素都是劳动力，公司和机构在人力资源方面投入的金额令其他所有开支都相形见绌。适当规划职场的激励机制（人力资源经济学所研究的主题之一）可节省大笔不必要的开支，从而产生效益，但或许更为重要的是，这也会直接促进产量和利润上升。

公司通过采取合适的激励措施，从而在最终财务成果方面创造奇迹，这方面的一个经典案例发生在1992—1997年的美国大陆航空公司，马克·内茨和邓肯·西梅斯特的论文对此有过详述。[1]20世纪90年代初，大陆航空公司陷入了严重的财务危机，

1992年的亏损达到了1.25亿美元，公司内部审计查出起降晚点是造成巨额亏损的主要原因。亏损额持续走高，脱离了控制，至1993年已经达到1.99亿美元，1994年则达到惊人的6.19亿美元。当然，巨额亏损不能无限期持续下去，而大陆航空公司已濒临彻底破产。

大陆航空公司正确地推断出，若要公司幸免于难，它必须更改提供给员工的激励措施。确保航班严格遵守时刻表是一道“生产工序”，其可靠性取决于最弱的一环。每次起飞前均须进行许多道预检和准备程序，一道程序延迟都会造成飞机起飞严重晚点。经过一系列漫长会议对此问题的分析，管理层决定实施代号为“前进”的计划，为挽救航空公司于绝境孤注一掷，进行最后一搏。

“前进”计划的核心元素之一是允诺每次公司排进月度准点起降排名的前五名，其后一个月都会向每名员工发放65美元的奖金。该计划效果显著，立竿见影，不到一年，即1995年大陆航空公司便将6.19亿美元的亏损扭转为2.24亿美元的盈利。

之后，盈利额持续飙升，于1997年达到了3.85亿美元。耐人寻味的是，“前进”计划的奖金环节对挽救公司起到了至关重要的作用，但这却是一项集体激励措施，而非个人激励措施。受到嘉奖的是团队合作，而非突出的个人贡献。

因此，以下是本章所要思考的问题：“前进”方案的正确之处有哪些？作为业务经理，你如何效仿这一计划，改善业绩？

职场的员工团队是很有意思的社交世界缩影，理智与情感均被牵扯其中。几乎在世界各地，团队都构成了经济和机构工作的重要因素。1995年，由保罗·奥斯特曼所做的一项调查显示，美国有超过54%的机构以团队为基础进行员工活动。在商业企业中，这一数字还要更高，达到了66%。

要想深入理解职场的团队行为，须广泛采用数学模型和博弈论，因为若不首先了解在理性和自私的假设下，我们应该对团队成员的行为作何预测，就不能指望理解心理和情感现象对团队的成败有何作用。近年来，我个人进行了数项研究，以利用博弈论来研究团队行为。具体而言，我所用到的是博弈论的分支，即契约论。

两人或两人以上的契约可视作博弈，因为每份契约都会定义互动的规则（类似博弈中的策略），并具体说明契约每一方因各方在契约框架内所采取的行动而获得的回报（类似博弈中的回报，博弈的回报由参与者所使用的策略决定）。这样一来，我们便可通过博弈论回答有关契约规划和契约谈判的问题。利用博弈论，我们可以确定什么样的契约最有利于契约的甲方，同时也能被契约的乙方接受。

近年来，对这一话题的研究得到了广泛的拓展。这些研究如今采纳了许多不同的研究方法，既有理论研究，也有实证研究。

这一课题的数据根据实际观察和实验室实验收集，有些观察发现出人意料，因其有悖于我们对团队合作形成的最基本直觉。

一项出乎意料的研究成果表明，奖金与工作积极性之间的关系远非人们通常所想象的那般简单直接。我 2009 年发表的一篇论文说明，在职场团队中，个人奖金可能会产生减少工作积极性的效果。[2] 这与心理影响无关，也与内在动力与金钱动力的区别无关（这在此前某章中有过探讨，格尼茨和拉切奇尼的一篇研究论文对此有过详述）。即便每个人都自私，只关心个人所得，这样的团队也会发生此种情况。我会介绍一个规模较小、形式简单的团队合作模型，以期展示这一自相矛盾的现象及其实践意义。

将该模型的细节一一介绍清楚需要花费不小的篇幅，且其中某些逻辑论证有些读者或许并不赞同。想跳过介绍篇幅的读者可以跳过，毕竟本章其余部分可以独立成章。

假设你是一家软件公司的老板，手下有两名员工：一个叫D先生，负责开发；一个叫M先生，负责营销。只有开发和营销环节都成功完成，该公司生产的软件才能赢利。每名员工均可在以下两种可能的行为中选择其一：努力工作或不努力工作。努力工作的员工一定可以成功完成任务，但假如他不努力工作，成功的概率仅有 50%。

软件开发和营销依次在两个阶段进行：D先生先开发出软件，M先生再进行营销。两名员工处境不同，不仅是因为其工作进行的时段不同，还因为M先生可以看到D先生是否有努力工作，而D先生却无法预知M先生是否会努力工作。你作为老板，有责任为员工设计一套激励机制，以最大化员工努力工作的可能性。遗憾的是，你无法监测每名员工对工作的真实投入程度。你唯一的确切衡量指标是公司是否赢利（意即，是开发和营销两个环节都成功完成，还是至少有一个环节出了差错），你所考虑的激励制度是仅在项目成功、公司赢利的情况下，才会给两名员工发放奖金。

为完成这一模型，我们还需要考虑一个更为重要的细节：员工努力工作所遭受的痛苦程度。毕竟，假如员工喜欢格外努力地工作，就没有必要提供奖金对他们予以激励了。我们会假设，努力工作产生的痛苦相当于1 000美元。然而，这并不是说1 000美元足以补偿每名员工。原因很简单：假如所提供的奖金是1 000美元，且项目成功才会发放，便不存在促使D先生努力工作的诱因，因为若他努力工作，而M先生没有为项目的成功出力，他相当于“付出”了1 000美元的努力，同时有一无所获的风险。假如M先生不努力工作，项目成功的概率会跌至50%，在此情况下，D先生为了项目努力工作得到1 000美元补偿的概率仅有50%。

须谨记，你作为公司老板，在项目完成后，无从知晓D先生与M先生之中究竟哪名员工确实努力过——可能两人都努力了，可能只有一人努力了，也可能两人都没有努力过。你唯一知道的一点是项目成功与否。那么，你应该为每名员工设立多少奖金呢？

试考虑以下奖金结构的示例：D先生拿到的奖金为1 400美元，而M先生拿到的奖金为2 010美元（项目成功，奖金才会发放）。假设两名员工只关心自己的个人利益，试推算他们会如何进行理性思考。首先来看M先生，假设M先生看到D先生在项目的开发阶段非常努力，此时假如M先生决定不努力进行推销工作，项目的成功概率则有50%。意即，他有50%的概率会拿到2 010美元的奖金，相当于确定可拿到1 005美元的奖金（用经济术语来说，这叫"预期收益"）。相反，假如他决定努力工作，他会付出价值1 000美元的工作量，但会百分之百得到2 010美元的奖金。两相抵消后，他可以得到总共1 010美元的奖金，高于他不努力工作所拿到的预期收益1 005美元。在此情况下，M先生努力进行营销工作的收益更高（即便努力与不努力的收益之差仅有5美元）。

假如M先生看到D先生在开发阶段没有努力工作，显然也就完全没有了促使他去努力工作的内在激励，因为在此情况下，还没开工他拿到奖金的概率便降到了50%。假如他也没有认真、努力地工作，项目成功的概率会再度下滑至25%。因此，M先生的预期收益仅为502.50美元。对他来说，努力工作的价值仅有 5 美元（预期奖金 1 005 美元减去他所要付出的 1 000 美元工作成本）。

接下来再来分析D先生的考虑因素，其在软件开发/营销过程中的工作先于M先生，假如D先生在开发阶段努力工作，他（利用上两段描述的推理过程）知道M先生也会努力工作。因此，项目一定会成功，在此情况下，D先生会付出价值 1 000 美元的工作量，但会得到 1 400 美元的固定奖金作为补偿。两相抵消后，他会得到 400 美元的净收益。

相反，假设D先生决定在开发阶段不努力工作，那么M先生也一定不会在营销阶段努力工作（如上所述）。在此情况下，项目成功的概率跌至 25%（即在两名员工都不努力工作的情况下，项目成功的概率）。意即，D先生有 25% 的概率可得到 1 400 美元的奖金，折合为预期收益，即为 350 美元。我们这一分析的结论是，D先生和M先生都会决定为该项目努力工作，两人共可赚得 3 410 美元的奖金。

现在假设你作为公司老板，或是体恤员工工作辛苦，或是为了以此增加促使员工为公司努力工作的激励，你决定大幅提高员工的奖金。新的奖金额为，若项目成功，D先生可得 1 900 美元，M先生可得 4 020 美元。如此前一样，假如M先生看到D先生努力工作，则努力工作对他来说也值得（因为这样一来，他努力工作可得到 3 020 美元的净收益，不努力工作则只有 2 010 美元的预期收益）。

但请思考一下，假如M先生看到D先生在开发阶段怠工，情况会如何。在此情况下，M先生在营销阶段努力工作便有50%的概率可拿到奖金，怠工则只有25%的概率。前一种选择可让M先生拿到1 010美元（减去所要付出的1 000美元额外工作量），而第二种选择仅可让他拿到1 005美元的预期收益（即4 020美元除以4）。结论是，在此情况下，无论D先生是否在开发阶段努力工作，都有促使M先生在营销阶段努力工作的诱因。此处，我们看到提供给M先生的诱人奖金确实增加了促使他努力工作的激励。对他来说，其中的利益实在太大，即便D先生怠工，他也会选择努力工作。

但无论D先生如何选择，都有促使M先生去努力工作的诱因，这一点却改变了D先生的诱因。此前，我们得出的结论是，在开发阶段，有促使D先生努力工作的诱因，因为他明白假如他怠工，M先生会看在眼里，肯定也会选择不努力工作。但在新的条件下，无论D先生如何做，M先生都会选择努力工作。那么D先生可选择的最佳行为是什么？假如他努力工作，项目肯定会成功，而他会得到1 900美元的奖金——但鉴于他还须投入价值1 000美元的工作量，D先生的净收益仅有900美元。或者，假如他选择不努力工作，项目会有50%的成功概率（因为M先生无论如何都会努力工作），即他可以得到950美元的预期奖金——这笔收益要高于他为了项目努力工作的所得。换言之，促使D先生努力工作的激励减少了，因为他知道M先生无论如何都会努力工作，增加奖金适得其反。此前存在促使两名员工努力工作的激励，现在尽管两人都是理性之人，在谋求自己物质利益的最大化，却仅有一人受到激励。

这一悖论的产生是由于员工间的相互影响，员工之间的激励机制会相互影响，向第二名员工许诺的奖金过高减少了第一名员工受到的间接威胁，即如果第一名员工不努力工作，第二名员工也不会努力工作，进而损害双方的利益。

规划激励机制是一桩难事，须谨慎处理。直觉很容易让我们误入歧途，造成显著的负面影响。增加所有员工的奖金却反而减少了促使他们努力工作的动力，我将这一现象称为“激励反转”。尽管这一解释或许听起来非常具体、专业，其情感逻辑却常常出现在现实中。我的研究表明，激励反转是相当普遍的现象，在几乎所有组织结构和任何规模的员工队伍中都会出现。

最近，我和德国马克斯–普朗克研究所的几名同僚做了一项大规模的实验室实验，得出了一项显而易见、令人信服的激励反转示例。[3]我在前文对激励反转的存在做出的解释所依据的一点是，一名员工努力工作所获得的报酬，在其他员工也努力工作的情况下更高。在软件公司员工的示例中，这一特征遵循的是开发和营销的流程，其链条中最弱的一环决定了项目成功的概率。换言之，员工之间相互补充：项目的成功有赖于开发和营销两个阶段的成功。假如员工之间并非如上所述的互补关系，而是相互替代的关系（例如，两人均为开发员，项目的成功仅取决于其中一人的成功，此类情况便会出现），情况又会如何？在此情况下，激励反转悖论并不会发生，这一结论来自该实验室实验的数学模型和观察数据。

接下来，试思考假如两名员工均无法看到对方对项目的付出程度，情况会如何。这样一来，怎样才算提供给他们最佳合同？我在2004年发表的一篇文章中，用数学方法证明了在此情况下最佳策略是，即便员工的职务相同、能力相当，其奖金也要设立一定差额，这样才会有额外的动力促使奖金较低的员工努力工作，因为他会确信另一名员工（所得奖金较高的员工）也会努力工作。[4]

这篇文章引起了广泛关注，有人称，员工所得奖金之差带来的理论优势会因部分员工对这种公然歧视产生愤怒感而被抵销掉。但两组实验人员在实验室实验中独立验证了这一理论，得出的结论是，如上所述，员工中间存在一定程度的适度歧视，确实会增强工作激励。[5, 6]虽然我们会自然而然地反感不平等现象，但一旦符合我们的利益，即便处于交易的不利一方，我们也往往会逆来顺受。

在本章其余部分，我们不再假设个人出于自私仅考虑自己的物质利益，而是要思考更加现实的工作环境，其中自身利益、心理、情感均会相互作用。在此类环境中，同伴效应有着举足轻重的作用，除往往能改善团队业绩的金钱激励之外，又加上了情感和社会激励。假如一名员工知道或相信多数同事都没有努力工作，同伴效应便有可能导致她也不愿在工作中尽心尽力。但假如她相信别人在努力工作，同伴效应也有可能会促使她更加努力。以下是三则有关该现象的示例，摘自经济学文献。

不同地理区域之间——尤其是南方与北方——存在着极大的文化差异，这一现象在意大利要甚于欧盟其他国家，是意大利的一大特征。特别是南北方之间在职业道德上的鲜明差异，对许多意大利政府人员来说，一直是一个令人头疼的问题。两名意大利研究人员安德烈亚·伊齐诺和乔瓦尼·马吉研究了意大利一家大银行数千名员工的行为信息数据库。[7]每名员工的数据包括该名员工迟到或旷工的次数、在银行等级体制内的升迁次数和分行间的调任次数等详细信息，利用这些信息可查出由北方支行调任到南方支行或由南到北的银行员工。

伊齐诺和马吉发现，譬如从北方城市米兰调任到南方城市那不勒斯，银行员工的工作态度会产生极大的变化。一旦调任到那不勒斯，他们会经常迟到，旷工天数大幅增加。由于只有病假才是银行正式认可的缺勤理由，人们可能会猜测调任到其他城市会导致调任员工体质恶化，但研究人员发现从那不勒斯调到米兰的员工也表现出了不同的行为模式。此种情况下的变化，表现为迟到率降低、旷工天数减少。

对数据库的进一步分析以令人信服的方式证明，行为模式产生这种变化的唯一合理解释就是同伴效应。从米兰调到那不勒斯的员工很快便明白那不勒斯同事的职业道德要弱于他们在米兰所习惯的职业道德，这减少了他们的内在激励，妨碍他们继续坚持在米兰所习惯的高水平职业道德。相反，从那不勒斯调到米兰的员工认识到（但显然不如反向调任的员工速度快）他们此时处于截然不同的工作环境，这里的同事对工作投入的时间和精力更多。当然，这是一个令他们尴尬的境地，但仍然会构成一种激励，促使他们采纳周围人的职业道德。

在后续研究中，伊齐诺又和波恩大学的亚明·法尔克合作研究了实验室环境中的同伴效应。[8] 在伊齐诺与法尔克实验的早期版本中，受试者（学生）受雇筹备（虚构）会议邀请函，会议地点为苏黎世。受试者被雇用的时间段是固定的，工资也是固定的（时薪 20 美元），他们的任务是将邀请函折叠塞进信封内，封好信封，贴上邮票。

实验受试者分为两组，分别位于两个房间。实验人员在实验期间数次进入第一个房间，每次都将厚厚的一沓信封放在房间中央一张显眼的桌子上，以备封装更多的邀请函。相反，他走进第二个房间的次数相对较少，每次只带一小沓信封去房间。

实验结果表明，在第一个房间，受试者频繁看到大沓的信封放在面前，这些学生要比另一个房间的人卖力。和另一个实验一样，伊齐诺和法尔克解释称，从两个房间观察到的行为出现差异是因为同伴效应。第一组受试者所产生的印象是，同伴都在努力工作，飞快地包着信封，完成量若远低于同伴的标准，他们可能会产生羞耻感，这促使这些学生尤其卖力。耐人寻味的是，受试者尽管并不相识，却仍然出现了同伴效应。

在另一组，效果恰好相反。由于只有少量的信封被带进房间，受试者产生的印象是，他们封装的信封比别人多。换言之，工作太努力的受试者开始觉得自己是“傻瓜”。这是一种不愉快的情绪，他们因此放慢了工作速度，以避免产生这种情绪。实验令人信服地说明，对员工行为产生影响的不仅仅是金钱激励因素——社会激励因素也起着重要作用。

本章要介绍的第三个也是最后一个实验和上文的银行职员示例一样，以实际生活中所收集的数据为基础，而非实验室实验。两名伯克利的研究者A. 马斯和E. 莫雷蒂研究了一家大型美国超市收银员之间的同伴效应。[9]收银员的许多工作活动（如每名顾客结账时物品扫描开始和结束的时间，以及一名顾客带到收银台的商品数量和类型）均被定时记录在电脑数据库中。利用这些数据，马斯和莫雷蒂得以按照一定时间内的扫描商品件数估算出每名员工的效率。他们发现，一名员工下班，换上另一名员工时，这次交接班会影响到附近所有可以看到交接班的员工。假如新换的员工效率高于被换掉的员工，附近的员工也会加快工作速度。但假如新员工速度较慢，其他人也会相应减慢速度。

这三项研究表明，团队合作显然受工作环境影响，周围人努力工作，每个人努力工作的动力也会增强。按照上文介绍的数学模型，这是因为我们假定项目的成功需要两名员工都努力工作，但换作更为普遍的环境，情况并不一定如此：在心理层面，员工一方面不想感到自己被人利用，另一方面也不想别人认为自己在利用同事。

还有众多其他研究表明，要使团队激励在同伴间产生合适的作用，心理和社会因素举足轻重。对公司体制内不同等级员工之间的互动进行研究，尤其是上级与其下属的团队，结果发现心理和社会因素可以产生更重要的决定性作用。

遗憾的是，到目前为止，不论是具体钻研团队合作，还是总体分析机构内的激励，这些研究所得出的大量发现似乎都遭到了商界的忽视。人力资源主管和机构顾问仍然侧重于仅以个人业绩为依据的金钱激励（奖金为主），却不考虑基于团队的激励。他们这样做并不一定是因为他们认为团队激励可能会降低员工效率，而仅仅是因为，使用纯以个人激励为依据的常见标准模式，可以让他们在出现问题的时候免受批评。

由于个人激励需要详细监控每名员工的工作，而这通常并不现实，人力资源部门于是往往会使用评估指标，而这些指标常常几乎完全无关紧要，这促使员工把精力用于提高其人力资源评估分数，而非本职工作。按照如此缺乏说服力的指标决定奖金高低，这扭曲了激励制度，还会令员工感到郁郁不得志、忿忿不平、相互嫉妒，常常会导致队内冲突，而非和睦的团队合作。

人力资源部门最常用的评估指标之一建立在横向的同行评审基础上。其中，员工须评估同事的工作，有时甚至要将同事排出高低。在竞争激烈的工作环境中，每名员工都剑拔弩张、野心勃勃地想让自己的个人业绩脱颖而出，团队合作的价值烟消云散。显而易见，在这样的环境中，此类评审的可信度极其有限。在这种体制下，有些激励会促使员工贬低危及自己地位的同事所取得的成绩，同时吹捧以后可以报答他们的人。无论如何，这些评审是主观的，因此这样做也没有员工会遭到撒谎的指责。

更有效率的激励体制应该奖励成功的团队合作，同时为团队内最勤奋的员工另发一笔小额的奖金，这将集体责任感与个人成绩动力结合起来。本章开篇讲述了大陆航空公司成功的激励机制。其中，项目成功的关键因素并非每名员工 65 美元的总收益，而是员工相互之间的责任感，因为每名员工都想避免因剥夺了同事的奖金而遭到指责。

几周前，我和母亲通电话的时候，因为答应过要送儿子的几个朋友去参加一场篮球比赛，所以道歉中断了通话。我的儿子当天生病了，所以无法同行。

“一定要让所有人都系安全带，”我母亲坚持道，“孩子不是你的，你要负责。”

后来在车里，我思考着她是什么意思。我自己开车带着儿子的时候，从来没有听她说过类似的话，她对自己孙子的关心程度不可能少于对孙子的朋友。或许她相信我独自带儿子的时候，身为父亲的护子本能会发挥作用，所以想确认我带儿子朋友、不带儿子的时候，是否也会按照这些本能行事。

最终我明白了母亲的告诫源于一种道义责任，这种道义责任要求一个人在负责照顾非己出的孩子时，要格外小心。这种道义责任有不那么极端的形式，而这种形式我们多数人无疑都很熟悉。试想轮到你开车带自己的孩子和邻居的孩子去幼儿园，却发现车里只有一个儿童座椅，你会让哪个孩子坐儿童座椅？还有更不极端的例子，例如我们常常不愿跟朋友借东西，因为害怕还没归还就弄坏了。如果确实因故损坏了这件东西，我们会比损坏自己的东西时难受十倍。

在关系到集体奖励时，发挥作用的正是同样的道德机制。正因为如此，集体奖励才会如此有效，以至于作为团队一员工作的员工不那么在意因自己怠工而失去自己的奖金，反而比较在意因自己怠工而导致朋友丢掉应得的奖金会有何影响。

第五部分

论理性、情感与基因

第二十二章

非理性情感

在本书第一章，我阐述了愤怒如何让我们在与他人的互动中改善自己的战略地位，从而创造出可信承诺的机制。亚里士多德十分清楚愤怒在我们生活中所起到的重要作用。他在《政治学》一书中写道："任何人都会愤怒——这很容易，但要在合适的时间，为了合适的目的，对合适的人产生合适程度的愤怒情绪——这并非所有人力之所及，也并不容易。"然而，虽然产生愤怒的初衷是为了带给我们进化层面的优势，这种情绪却也常常有害于我们——不仅是因为愤怒会造成精神损害，也是因为这会影响到我们与表达愤怒的对象之间的关系。在愤怒无益于我们甚至有害于我们的情形中，我们控制愤怒的能力往往有限。

人类发展出的其他具有进化优势的情感反应，在我们需要做出正确决策时，同样也会制造社会壁垒，或让我们栽跟头。在某些情况下，某些情感的进化优势并不如它们在现代世界形成的劣势。或许尚需数千年的进化发展，这些情感才会完全消失。

脸红就是一个很有意思的例子。脸红是由窘迫感引起的，显然属于社会性情感。感到羞愧或窘迫时，我们最不想做的事就是让自己引起别人的注意。可以的话，这种时候，我们反而情愿隐身起来。然而，正是在这种情况下，大自然选择让我们的脸色看起来像是有红色亮光在照射一样，使我们的存在更加显眼。

查尔斯·达尔文在《人类和动物的表情》一书中，用整整一章的篇幅来探讨脸红这一主题，他发现这是人类的独有特征之一。但专门研究人类心理进化的研究者对于脸红的进化论起源仍然莫衷一是，很多人认为这是交感神经系统对所谓“战或逃”反应做出的预备反应。高压、危险的情形会刺激脑部血流量增加，因为充血的身体组织会比平常更加灵敏，可以充当警告危险迫近的雷达系统，由此带来的副作用就是因害臊而脸泛红晕。

2003 年在澳大利亚进行的一项有趣实验佐证了这一解释。[1] 实验中的受试者须侧对观众，大声演唱或朗读一段文字，意即每名受试者仅有一半面孔能被别人看到。实验人员发现，暴露在别人视线下的半边脸血流量要高于另一半。换言之，面孔中最直接暴露在“危险”之下的部位才是脸红现象出现的位置。

对脸红的进化论优势做出的另一个解释侧重于脸红者向社会环境发出的可靠信号。这一信号让别人确信，不可接受的行为或偏离社会规范的行为已经发生的事实，得到了脸红者的及时承认。这一信息之所以可靠，正是因为脸红是不由自主的，无法有意识地佯装出来。过去，这使得社会惩罚变得多余，从而符合脸红者的利益。最近进行的实证研究表明，违反社会规范并因此脸红的人在他人中间引起的负面评价，要少于没有脸红反应的人。然而，脸红也会发生在其他情形中，如成为他人溢美之词的夸赞对象时。在此类情况中，脸红的社会优势要少于无脸红反应。

悔恨有着显而易见的进化优势，但作为一种情感反应，也会产生负面影响，有时甚至导致我们做出并不理想的决定。假如我们做什么事都不会后悔，我们无疑会活得很惨，注定要不断地重蹈覆辙。布洛尼·韦尔是一名缓和医疗①工作者，在临终安养院有着多年照顾绝症患者的经验。她写书谈到了将死之人在生命最后几周向她讲述的最常见、感受最强烈的五件憾事。[2]男人一般后悔的是一生工作太操劳以及多年来失去的故交，女人则后悔没有纵容自己多开心一些，也谈到自己太卖力地讨人欢心。总之，两性都后悔没有敞开心扉向别人表达自己的情感。

乍看起来，这些悔恨几乎从理论上讲属于非理性情感，因为表达这些情感的人知道他们将死，不可能有足够的时间让自己行

① 缓和医疗，亦称临终关怀，通常是针对癌症末期患者使用的治疗方法。由于物理治疗对患者逐渐失去效果，只会令患者的性命延长，从而使他们饱受更多的痛苦，因此便提倡以临终关怀的方式对患者进行护理，令患者能够以更安详和有尊严的姿态离开人世。——译者注

为大变。但这种“幡然悔悟”在多数情况下（但不包括临终之际）其实都属于理性情感，往往在改变一生、促使我们对人生及其走向进行彻底审视的危机发生时，我们的悔恨感最为强烈。这些悔恨往往会让我们习性大变。即便导致变化产生的危机早已消除，这些变化也会持续下去。

非理性悔恨多为较琐碎的悔恨情绪，这些情绪让我们在了解全部事实继而理性地三思自己的行为之前，就做出偏颇的决定。经济学和金融学研究者所做的大量实验表明，我们行为的目的往往是尽量减少未来的悔恨情绪。出于减少悔恨的愿望而行事的一个例子是羊群效应一章中提到的随波逐流行为，我们往往会按照多数相识之人做出的选择来调整自己的选择。例如，假如多数朋友都因担心股市即将崩盘而抛售了手中的所有股票，我们即便看到有强有力的客观迹象表明股市在近期会上涨，也往往会选择从众。我们这样做，是因为和所有朋友一起犯错所感到的悔恨要轻于自己一个人做错决定的情况。出于类似的理由，对于我们理应熟悉的领域，我们往往更加害怕做决定，而对于一无所知的领域，我们对其中的风险反而不那么敏感。即便承担风险是值得的，我们也会近乎不惜代价地竭力避免第一种悔恨（因对理应熟悉的问题做出错误决定而产生）。

害怕产生悔恨感有时会让我们固守错误的决定，以免承认自己犯了错误。例如，我们有时会发现已经亏钱的资产或投资工具难以出手，因为这样做即是承认了自己当初投资失误。只要继续持有这些资产，我们便仍有机会不用因当初的购买而后悔，因其尚有可能升值。即便对资产价值恢复到购买时的水平抱有期望已经变得不合情理，许多人还是会继续持有这些资产。

大约10年前，南加州大学的研究者乔吉奥·科里切利和几名合作者一起对与悔恨感有关的大脑活动进行了一项全面的研究。[3]与其他多数情感相反，产生悔恨感时大脑活动遍布数个区域，包括眶额皮质、皮质内等与认知和分析思考有关的部位，以及海马等控制情感与记忆的大脑边缘系统区域。如此多的大脑部位都得到了广泛使用，或许是因为悔恨感有非同寻常的学习层面的意义，其中首先便是分析能力，其目的是衡量因自身行为产生的悔恨感应达到何种程度才算“合理”。

科里切利及其合作者发现，我们设法尽量减少自己的决定在日后造成的悔恨感时，出现的大脑活动类似于实际感到悔恨时的大脑活动。似乎我们在竭力减少悔恨感的时候，关注的重点是决定可能会造成的负面影响，而正是在此期间，我们感受到了将来的悔恨感。

还有几种非理性经济行为也与特定的大脑活动有关，其中不少都与多巴胺这个“激励激素”，以及这种激素在大脑中的吸收率有关。此前几章指出，这种激素与我们从成功中获得的满足感和愉悦感有关，会影响我们对待风险的态度。它激励我们取得成绩，有明显的进化优势。多巴胺还是其他几种大脑功能形成的原因，多巴胺不足与帕金森病有关。我们需要多巴胺给予的满足感和愉悦感，这可能会导致我们做出不利于自身物质利益的行为，在某些情况中甚至会成为心理障碍的根源。盗窃癖、购物狂（购物成瘾）及问题赌博（嗜赌成瘾）是众所周知的几种与反常经济行为有关的精神疾病，在某些情况中，此类疾病患者接受的精神治疗便包含平衡大脑中的多巴胺水平。

但即便是在规范的行为中，多巴胺也会驱使我们感情用事，做出错误的决定。此类现象最突出的例子之一可见于拍卖买家的行为中，近年来招标和竞拍在网上如雨后春笋般大量涌现，网上拍卖交易的金额也随之上涨到了惊人的比重。2000 年，经《纽约时报》评估，当年英国进行的移动电话频段拍卖是有史以来规模最大的拍卖交易，仅此一种拍卖便通过出售移动电话频段带来了 340 多亿美元的收入。

在与拍卖有关的现象中，被研究最多的现象之一名为“赢家诅咒”：在许多情况中，拍卖胜出者为所赢得的物品付出的价格要高于其实际价值。不仅在业余竞拍者参与的低价商品拍卖中可以观察到这种现象，竞拍大型招标项目的大企业也会成为赢家诅咒的牺牲品。在 20 世纪 70 年代初，许多美国石油公司在拍卖中胜出，拿到美国几个地方的开采权后不久便倒闭了。这些公司有庞大的地理学家和经济学家团队，评估了招标开采权的价值，但最终的投标价格却远远高于招标开采权的实际价值，这使其最终破产。

赢家诅咒有两大原因：一是认知层面的原因；一是情感层面的原因。拍卖的参与者会尽量准确地评估竞拍商品的价值，他们随后会给出略低于估价的初始报价。拍卖环境的竞争越激烈，报价就会越接近估价，因为参与拍卖的竞拍者越多，有人出价比你高的概率就越高。

假如竞拍者众多，且都做过独立的估价，则可合理地假设平均估价会非常贴近拍卖商品的实际价值。若果真如此，拍卖胜出者的叫价最高，给出的报价就要高于平均报价，意即很可能高于拍卖商品的实际价值，这是对赢家诅咒的认知解释。换言之，竞拍者未能考虑到他们如果要中标，对拍卖商品的报价就要高于其他人，这进而又意味着，他们很可能高估了商品的价格。

从认知上免受赢家诅咒之害的一个方法是将你愿意给出的报价写在一张纸上，并将这张纸在抽屉里放置 24 小时。24 小时过后，把纸拿出来，设想一名拍卖官看过所有报价后告诉你，你给出的报价最高。此时，你应该根据这一信息重新调整报价，因为在多数情况下，这会让你调低报价，免遭赢家诅咒。

但在许多情况下，赢家诅咒也有情感原因。拍卖参与者经常发现自己在“拍卖热”——无法控制、不惜代价一定要赢得拍卖的欲望——的驱使下，有报高价的冲动。几年前，我的两名学生请我推荐一个研究项目，我的建议是找同种商品以两种方式——拍卖和一口价直销——对比这些商品最终的售价。我的假设是，同种商品的拍卖价格多会高于一口价。结果发现，这一假设确实属实。拍卖参与者若在同一网站选择按照一口价直接购买，本可以较低的价格买到他们拍中的商品，但拍卖环境的竞争性质及随之而来的拍卖热驱使他们出了高价。

几年前，我参与了以色列国家天然气储存公司拍卖的筹备环节，目睹了一次代价昂贵的拍卖热案例。四家大型私营石油天然气公司你争我夺、互不相让地参与了竞拍，中标价达到了 2.2 亿美元——这几乎两倍于我们的期望价格，而期望价格是拍卖前估价员给出的最乐观情况下的价格。

2011 年，我为一家参与以色列移动电话频段竞拍的公司担任顾问，想努力帮助客户避免落入赢家诅咒的陷阱。拍卖开始前几个小时，我建议公司老板远离公司总部里忘乎所以、喧哗混乱的人群，深呼吸，找个安静、轻松的地方，平心静气地评估出自己在理智的状态下愿意为竞拍资产付出的最高价。我还告诉他，做出决定后，他应该将这一价格写在一张纸上，塞进信封封起来。随后，这一信封要交给他的一位挚友——当天出现在公司总部的一位资深银行家——保管。这样做即是立下承诺，拒绝禁不住诱惑叫出高于预定最高价的价格。

这位公司老板虽是一名阅历颇丰、才能出众、很有才干的商人，却也因为我的要求大吃一惊。他告诉我，不要让他做他自己无法保证的事。同事一再恳求他重视我的建议，加上那名银行家又威胁他，不遵守我的指示就离开公司，他才同意听从我的建议。

计算机竞拍程序从上午11点开始运行，一直持续到晚上8点——如坐针毡的9个小时。晚上7点，最新的叫价达到了1.35亿美元，那位老板缓缓地从所坐的椅子上站起来，挺直了身子，端起手中的咖啡杯喝了一大口。

“我亲爱的朋友，”他多少有些面露愧色地承认，“事实上，我报出的价格远远超过了我在信封里写下的最高价。”

在余下的一小时竞拍时间里，他继续提高公司的报价，一直叫到最后关头。

尘埃落定后，他才发现自己赢了拍卖，叫出了将近2亿美元的高价——约两倍于他拍卖开始前在塞进信封的纸上写下的绝对最高价。45天后，他的中标价按照拍卖规则在事后被宣布无效，因为承诺金额太高，他得不到足够的银行担保。

多巴胺在赢家诅咒的情感层面起了一定的作用。数项研究利用功能性磁共振成像技术，记录了拍卖参与者的大脑活动。[4]这些研究显示，在受试者出现拍卖热时，大脑数个不同区域出现了复杂的大脑活动模式，但其中一个现象尤其突出。每次受试者得知他们没能赢得拍卖，纹状体区域都会出现子活动。该区域是大脑边缘系统的一部分，是人体分泌多巴胺的部位。激烈的竞拍失败会导致纹状体出现更加激烈的子活动，进而导致受试者在下一轮给出更激进的报价。

非理性情感无法彻底根除，但可以减轻，而通过自觉地意识到其存在和效果，其负面影响也可以减少。在本书中，我一直强调我们体内的认知和情感系统并非互不相干，二者往往共同作用。决定某种情感对我们是利是弊，与产生这种情感的环境息息相关。识别情感反应的影响，在很多情况下，都是认知能力需要完成的任务。认知系统可以增强有利于我们的情感，同样也可以抑制不利于我们最佳利益的情感。本章开篇引用的亚里士多德名言在这个问题上一针见血。控制情感，尤其是愤怒，并非易事，这需要用到分析、记忆、直觉和技巧，但定会有所收获。

第二十三章

先天与后天
理性情感根源何在？

几年前，我遇到了老同学奥佛·李普希茨。

“几个月前，我们找过你，想邀请你去我家参加同学会，”奥佛带着歉意说道，“有人提到你住在国外，所以我们也就没有很用心找。”

我和奥佛，以及所有参加同学会的人，从6岁上一年级开始，连续做了8年的同窗。我告诉奥佛，错过同学会，我很失望。他于是想安慰我：“我们把整个聚会拍下来了。到下次再办同学会之前，你至少可以看看录像。”奥佛给我的录像片段长度不下3个小时，参加聚会的每一个人都留下了许多镜头。

看录像时，有两点让我别有感触。首先一点是，几乎所有人（包括我）一看到每个参加同学会的人走进大门，不等他们自我介绍，便能认出对方。尽管我们上次相见还是35年前，年纪还小，我们却仍然认得出来。我们所具备的这项神奇能力与面部特征在我们的记忆中留下的深刻痕迹有关，假如将同期其他儿童的班级集体照以及这些儿童如今长大成人后的照片并排放在一起让我看，我怀疑我一个也对不上号。面部特征在大脑中的存储方式显然有别于其他信息的存储方式。我们经常会遇到看起来眼熟或者觉得自己一定在哪里见过的人，却想不起任何有关他们的具体信息，既不记得他们的名字，也不记得在何时何地遇见了他们。

看同学会录像时，令我印象深刻的另一点是，朋友的面部特征并非他们身上让我凭借儿时记忆完全能认得出的唯一一个方面。他们不少人的现任职业似乎也完全在意料之中。奥佛和迈伦早在五年级的聚会里，便会弹奏吉他为我们助兴，如今发展了自己的音乐事业，靠音乐表演和音乐教学挣钱。塔莉在很早的时候便远比班上其他女生对男生感兴趣，一直是谁倾慕谁的主要信息来源，如今则成了一名性学家和婚姻顾问。约西还是小学生的时候，便发起和组织了我们多数的社会活动，长大之后则成了企业家，创办和管理新企业。

儿时的性格特征保留至成年的程度也令人惊讶。幼年性格内向的人在同学聚会上形单影只，在周围气氛热烈的社交场合中，显得有些格格不入。儿时笑口常开的人长大了也一样爱笑。闹哄哄的孩子长成了爱吵闹的大人。少数几个儿时就有反社会暴力倾向的人根本没有到场。

参加过这种同学会的人都不可能没有幡然顿悟到，性格在我们的人生头10年便已形成。实际上，近年来越来越多的科学研究表明，性格的形成甚至要早于这一阶段——并非出生后的前10年，而是出生前的9个月。在寻找性格决定因素新发现的过程中，人类全基因组图谱是巨大的进步。新发现相继揭示了特定性格特征与基因档案之间的联系。

理查德·埃布斯坦在新加坡国立大学专门研究遗传精神病学，他和几名合作者一起对此课题做过多项耐人寻味的研究，其中一项侧重于慷慨的遗传依据。[1]如本书此前所述，催产素是母亲与新生婴儿相互共情的原因。对于母子纽带的形成，另一种发挥作用的激素是抗利尿激素，这种激素对人类的多种情感和心理机能非常重要。分泌抗利尿激素的主要基因名为AVPR1a，长度因人而异，该基因长度较短，则产生的抗利尿激素也往往较少，在孤独症谱系障碍患者身上较为常见。

埃布斯坦及其同事研究了数百名健康的受试者，并根据每人所携带的该基因长度将其分类。然后，他们让受试者参加第九章所述的施与博弈（在施与博弈中，每名参与者都会得到一笔钱，可从这笔钱中自愿分任意数额给另一名参与者）。该基因长度较短的受试者在博弈中让给对手的数额远低于该基因长度较长的参与者，这显然识别出了一种（在数据上可观测的）随单个基因变化而变化的性格特征，此例中的基因即为AVPR1a。

根据同卵双胞胎行为对比进行的其他研究发现了其他几种性格特征的基因起源：假如某项性格特征在同卵双胞胎（基因档案相同）之间呈高度相关，而在异卵双胞胎之间的相关度较低，这便表明该特征的遗传因素要大于社会因素。

理查德·埃布斯坦及其同事还对性格特征研究做了广泛的调查，并以此评估了每种特征的遗传因素。[2] 图 2 总结了其成果，分别展示了两种不同的遗传因素：与社会影响无关的纯遗传因素被称为DZ，而较为普遍的遗传因素——将可能的社会影响考虑在内，但其中的社会因素只影响有特定基因档案的人——被称为MZ。

图 2 表明，大量的行为特征存在显著的遗传因素。在某些情况下，这种因素占有支配地位。该图所依据的研究多为近期的研究，由于这些研究的数据，加之有其他迹象证明遗传对决定性格特征有重要作用，由来已久的先天与后天之争再度死灰复燃。过去，这场争论也常常将道德思考与科学观点混为一谈。

鉴于本章提到的研究所存在的潜在影响，担忧不无道理。如今对一个人的遗传密码进行完整的图谱绘制，可以以低于以往的成本完成，只要一份唾液样本和 200 美元即可鉴定我们的遗传倾向。我们对决定性格特征的遗传因素了解越多，促使私人市场利用DNA所存信息的诱因就越多。有朝一日，或许求职者会被要求除简历外，还须提供唾液样本。同理，房屋出租者

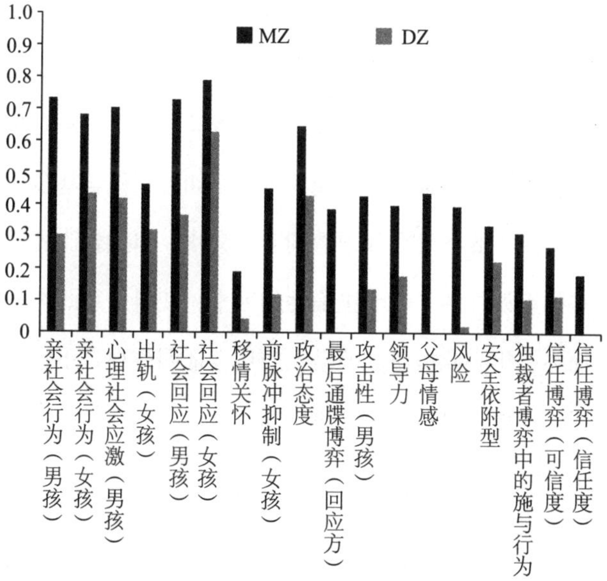

图2　性格特征与遗传因素

也会要求潜在的租客提供唾液样本，而保险公司则可利用基因档案计算保险费。这或许终将扩展到我们所有的经济来往和合同谈判中，形成自我强化的循环：DNA图谱“有吸引力”的人会得到最好的工作，DNA图谱“不中看”的人则要被迫从事缺乏吸引力的职业或者落得失业的下场。几年间，由于歧视本身，DNA图谱可直接决定一个人人生成功概率的印象会更加深入人心。而对于因DNA图谱“不中看”而遭到歧视的人来说，没有激励因素会促使他们接受高等教育、掌握一技之长乃至勤奋工作。随着新的基因贵族制的形成，社会流动会放缓。

尽管存在这些显而易见的危害，我们也不应以恐惧为借口，阻碍未来的科学研究。无知绝不应成为对抗潜在社会危害的预防针。如今在美国，对基因与认知能力或智商之关系的研究几乎已经不可能获得主要国家科学基金的拨款，如国家科学基金会和国立卫生研究院。此类研究并未遭到明令禁止，但拨款流程早期对科研经费的审议掺杂了政治正确性的因素，使得多数此类拨款申请无疾而终。担心此类研究的潜在应用会证明歧视是正当的，这情有可原，但故步自封的无知也并非良药。

后 记

本书对情感进行了如实的陈述，有读者对此或许会有些反感。假如情感果真如本书所述，和认知过程一样，具有理性分析的特点，那灵魂还有何立足之地？此外，假如人类体验的非物质层面，即我们的“情感”，多数都可以通过DNA和体内某些激素的含量来进行预测，难道我们不可以利用类似的论述方式来描述所谓“生活”的全部，并一劳永逸地摒弃精神的概念吗？

非也。

通过科学认识，我们只能对人类情感与认知的整体做出片面且多少有些模糊不清的描述，其全貌远非一览无余，或许也永远无法完全明了。精神和灵魂代表着藏匿在科学可以解释的范畴之外的东西。

关于灵魂和生命的本质，最重要的哲学问题仍然悬而未决。我们由生物细胞构成，生物细胞含有DNA高分子，而DNA高分子本身又由碳和氢构成。那么，我们究竟仅仅是各部分之和，还是除了身体的物质构成之外，还存在某种神秘成分可将生命与无生命世界区分开来？是否存在一种成分，没了它我们在实验室里创造的任何合成物都无法真正获得生命？

从最基础的物理学到生物学，再到经济学，对于每种科学解释来说，这种解释是否代表了绝对真相几乎都是无关紧要的。只要能连贯、有效地解释我们在周围发现的实证现象，这样的科学解释便是可接受的。对物理学家来说，量子论与相对论十分简单，足以让他们相信这些理论可以解释原本无法解释的物理现象（尽管我们或许难以理解这些理论）。但它们或许离“真相”还差得很远，而这仅仅是因为我们观察周围世界的科技和认知水平有限。古代的物理模型假定世界是一个平板，其外则是无底深渊。鉴于该模型受到信奉时期的实验观察技术，这算得上是十分杰出的模型，直到航海者远洋航行归来之后，讲述了与该解释相悖的见闻，这一模型才失去了说服力。

同理，它适用于对人类情感和认知行为的科学解释。博弈论、脑科学、进化论解释和心理学都不过是一家之言（或几家之言），目的是帮助我们理解在不同情况下观察到的个人和集体行为。与物理学理论相比，行为理论，尤其是以博弈论为基础的行为理论，近年来发展迅速，这是因为行为科学的实验成果远比物理学的实验成果容易获取。要获取行为科学的实验成果，既不需要巨型望远镜，也不需要粒子加速器。在行为科学领域，在超市排队或者读报纸文章都可以成为实证研究的场所，启发研究者的头脑，形成见解，再由简单、成本较低的实验室实验进行验证。经过实验证实的新见解积少成多，最终成为新学说（又名理论）的基础，这些学说让我们对所谓“人类行为”的整体认识略微清晰了一些。

新实验成果得来之易是行为科学研究的一大优势，但也是该领域的一个潜在危害。自然科学的实验室可以为我们提供物理常数的客观度量（有时精确到小数点后十位），而行为科学实验室得出的成果有时或许可以做出迥然不同的解读。这些成果不仅容易受到实验规划与实验方法的影响，还会受到数据分析方法的影响。研究者的学术诚信度若达不到最严格的标准，又对特定的实验成果急于求成，就会对数据进行所谓的“拷打”，直至数据“坦白”出自己想听的内容。这种行为使得行为科学的实验成果暴露在遭人操纵的潜在危害下，随着顶尖研究者之间的竞争越来越剑拔弩张，这一危害日益凸显。

2011 年，荷兰蒂尔堡大学终止了与迪德里克·斯塔佩尔的雇佣关系。斯塔佩尔本是一位声誉卓著的社会心理学教授，曾任该大学社会与行为科学院院长。这位冉冉升起的学术明星多年来公然捏造其研究所依据的数据，遭到披露后，学校才出此下策。斯塔佩尔在同行评审的主流期刊上发表的数十篇论文均被撤回。

斯塔佩尔的一项研究甚至引来了欧洲各地日报的关注。那篇论文名为《肉类让你露出最差一面》。在文章中，斯塔佩尔称食肉乃至想到肉类都会让人变成自私的反社会人格。其结论所依据的实验数据表面看来是他在实验室研究中收集的，但事实证明，所有数据都完全是他异想天开捏造的。

斯塔佩尔的欺诈行为遭到调查，他随后又承认自己犯下的行径尤其不配成为一名科学家，这葬送了他的事业。他被蒂尔堡大学撤销了教授职位，被所属的学术协会开除了会员资格。其中有一家国际心理学协会开除斯塔佩尔后，其主席致信给协会所有会员，警告称过于激烈的学术竞争会让人丧失理智，弄虚作假。

整件事本身对人性提出了耐人寻味的质疑，学术竞争既不能为竞争者带来金钱，也不能带来其他物质利益回报，这是一场认可、尊重与荣誉之争。事实证明，即便自知完全配不上这样的认可和荣誉，人们仍然非常乐在其中。斯塔佩尔的欺诈行为或许并非研究者操纵数据的唯一案例，却是公然欺诈的一个罕见案例。学术制衡通常能对此类案件的揭发起到有效的作用，但对所有行为科学研究保持一定的批判思维和怀疑态度，也是有益的事情，包括本书提到的研究。

***

我们的内部情感与理性系统只有一线之隔，且界线错综复杂。在要求我们做决策的多数情况中，无论是意义深远、改变人生的决定，还是可以想见的最微不足道、平凡琐碎的决定，这一线之隔都很容易变得模糊不清，乃至完全消失。两个系统相互交织，密不可分。在许多情况下，情感的存在让我们得以做出迅速而近乎机械的决定，但在其他情况下，尤其是涉及重大问题的时候，我们的情感会与理性的思考过程背道而驰。

对于找什么工作或是否继续一段恋情等问题，做出决定的并非我们的理性机制，而是情感机制。我们几乎总会到达某个节点，对所有事实都一清二楚，对每种方案都进行了反复思考，也知道不可能再有新信息或新发现能帮助我们下决心，但我们仍然发现自己无法走出最后一步，痛下决心。让我们犹豫不决的是情感原因，而非认知原因，理性思考（乃至物质利益）转化为情感反应——恐惧与希望，或同情与愤怒，像左右摇摆的钟摆一样将我们拉向不同的方向。最终决定为何，取决于我们对哪种情感的感受程度最深，这就是决策“软件”的真实运作方式。在多数情况下，这都是非常有益的事情。

请试想片刻，假如我们的决策过程也像政府部门一样实行“分权制”，有的决定全由理性负责，有的则全由情感控制。举个具体的例子，设想一种我们很多人都熟悉的情景，一天早上，你到工作单位上班，打开电脑，发现另一家公司发给你一封电子邮件，建议你申请该公司的一个职位。对这份聘用建议，是给出肯定答复，还是婉拒掉，继续目前的工作，这全由你决定。

假如该决定被放到你头脑中的理性部门，你的反应方式会类似于人们希望来自瓦肯星的斯波克先生做出的反应方式。你首先会准确地列出一张清单，其中包含现有工作的所有特征（工资、个人利益、升职机会），再相对应地列出新工作的特征。鉴于你对提供给你的新工作只了解部分信息，在你为该职位列出的清单上，每项特征还会附上概率。你也会相当准确地预测出决定应聘该工作可能会引起的连锁事件，以及你在整个过程结束后得到这份工作的概率。

下一步是为每项特征赋值，该数值表示你预计可从该项特征中获得的满足感或失望感。就算你走运，至此尚未犯错，到了这一步，你也十有八九会失败。若无情感机制的辅助，就几乎无法为满足感或失望感估值。所有的事实任你掌握，但即便如此，你也无法做出明智的决定。

相反，若将决策权全权交由情感机制处理，情况又会如何？这样一来，你或许可以快速做出决定，但支配这一决定的因素却是近期发生的事件，这些事件与你的长期利益之间的关系至多只能说微乎其微。例如，假如前一天你的老板对你说话的方式冒犯了你，你或许会对邀请你应聘新工作的邮件给出肯定答复，甚至将你的老板列在收件人一栏中。另一方面，假如发邮件给你的人拼错了你的名字，或者招聘职位乍看起来不如你现在的工作有吸引力，你很可能会当即回绝，并附上一句风凉话，因此断绝了你今后再收到招聘信的机会。只有情感与理性机制紧密合作，你才能做出识明智审、令人满意的决定。

我希望本书所述的案例与众多研究能让你相信，情感并非进化过程中，久远的原始时期遗留下来的残余，而是一种有效、复杂的工具，可以平衡和补充我们的理性一面。

归根结底，拥有优势的是多情善思之人，而非万事寄望于思之人。

注 释

序 言

1. D. Ariely, *Predictably Irrational* (New York: HarperCollins, 2009).
2. D. Kahneman, *Thinking Fast and Slow* (New York: Farrar, Straus, and Giroux, 2011).

第一章 生气有何意义？

1. M. Tamir, "What Do People Want to Feel and Why? Pleasure and Utility in Emotion Regulation," *Current Directions in Psychological Science* 18 (2009): 101–105.

第三章 情感骗子、共情与埃兹拉舅舅的扑克脸

1. M. Meshulam, E. Winter, G. Ben Shahar, and Y. Aharaon, "Rational Emotions in the Lab," *Social Neuroscience* 7, no. 1 (2012): 11–17.
2. G. McCarthy, A. Puce, J. C. Gore, and T. Allison, "Face-Specific Processing in the Human Fusiform Gyrus," *Journal of Cognitive Neuroscience* 9 (1997): 605–610.
3. A. Kalay, "Friends or Foes? Empirical Test of a Simple One-Period Division Game Having a Unique Nash Equilibrium," mimeo, 2003.

4. G. Rizzolatti and L. Craighero, "The Mirror-Neuron System," *Annual Review of Neuroscience* 27 (2004): 169–192.

第四章 博弈论、情感与道德金律

1. B. Aumann and M. Maschler, *Repeated Games with Incomplete Information* (Cambridge, MA: MIT Press, 1995).
2. E. Winter, I. García-Jurado, and L. Méndez Naya, "Mental Equilibrium and Rational Emotions," Center for the Study of Rationality, Hebrew University, 2009.

第六章 论正直、侮辱和报复

1. W. Güth, R. Schmittberger, and B. Schwarze, "An Experimental Analysis of Ultimatum Bargaining," *Journal of Economic Behavior and Organization* 3, no. 4 (1982): 367–388.
2. Max Planck Institute, "Chimpanzees, Unlike Humans, Apply Economic Principles to Ultimatum Game," ScienceDaily, October 7, 2007.
3. A. E. Roth, V. Prasnikar, M. Okuno-Fujiwara, S. Zamir, "Bargaining and Market Behavior in Jerusalem, Ljubljana, Pittsburgh, and Tokyo: An Experimental Study," *American Economic Review* 81, no. 5 (1991): 1068–1095.
4. E. Winter and S. Zamir, "An Experiment with Ultimatum Bargaining in a Changing Environment," *Japanese Economic Review* 56 no. 3 (2005): 363–385.
5. A. G. Sanfey, J. K. Rilling, J. A. Aronson, L. E. Nystrom, J. D. Cohen, "The Neural Basis of Economic Decision-Making in the Ultimatum Game," *Science* 300, no. 5626 (2003): 1755–1758.

第七章 论偏见与信任博弈

1. S. Knack and P. Keefer, "Does Social Capital Have an Economic Payoff? A Cross-Country Comparison," *Quarterly Journal of Economics* 112 (1997): 1251–1288.
2. GDP is a country's gross domestic product, the main index used to measure the economic development of nations.
3. J. Berg, J. Dickhaut, and K. McCabe, "Trust, Reciprocity, and Social History," *Games and Economic Behavior* 10 (1995): 122–142.
4. C. Fershtman and U. Gneezy, "Discrimination in a Segmented Society: An Experimental Approach," *Quarterly Journal of Economics* 116, no. 1 (2001): 351–376.

第八章　自圆其说的猜疑

1. F. Bornhorst, A. Ichino, O. Kirchkamp, K. Schlag, and E. Winter, "Similarities and Differences when Building Trust: The Role of Culture," *Experimental Economics* 13, no. 3 (2010): 260–283.

第十章　集体情感与沃尔特的心理创伤

1. G. Bornstein, E. Winter, and H. Goren, "An Experimental Study of Repeated Team Games," *European Journal of Political Economy* 12 (1996): 629–639.
2. G. Bornstein, E. Winter, and H. Goren, "Cooperation in Inter-group and Single-group Prisoner's Dilemma Games," in *Understanding Strategic Interaction—Essays in Honor of Reinhard Selten,* edited by W. Albers, E. van Damme, W. Güth, P. Hammerstein, and B. Moldovanu (Berlin and New York: Springer-Verlag, 1997), 418–429.

第十一章　不利条件原理、十诫以及保障集体生存的其他机制

1. A. Zahavi, "Mate Selection—A Selection for a Handicap," *Journal of Theoretical Biology* 53 (1975): 205–214.
2. R. Orzach, and Y. Tauman, "Strategic Dropouts," *Games and Economic Behavior* 50 (2005): 79–88.
3. J. Andreoni, A. Payne, J. D. Smith, and D. Karp, "Diversity and Donations: The Effect of Religious and Ethnic Diversity on Charitable Giving," NBER Working Paper 17618, November 2011.

第十二章　懂得如何付出，亦要懂得如何接受

1. U. Gneezy and A. Rustichini, "Pay Enough or Don't Pay at All," *Quarterly Journal of Economics* 115, no. 3 (2000): 791–810.

第十三章　求爱喷雾

1. E. Hart, S. Israel, and E. Winter, "Accuracy in the Perception of Social Deception Is Modified by Oxytocin," *Psychological Science* 25 (2013): 293–295.

第十四章　论两性与进化

1. D. Kahneman, A. B. Kruger, D. Schkade, N. Schwartz, and A. A. Stone, "Would You Be Happier If You Were Richer? A Focusing Illusion," *Science* 312, no. 5782 (2006): 1908–1910.

2. M. Francesconi, C. Ghiglino, and M. Perry, "On the Origin of the Family," discussion paper, University of Warwick, 2011.
3. M. Whitty and L. Quigley, "Emotional and Sexual Infidelity Offline and in Cyberspace," *Journal of Marital and Family Therapy* 34, no. 4 (2008): 461–468.
4. M. C. Neale, B. M. Neale, and P. F. Sullivan, (2002). "Nonpaternity in Linkage Studies of Extremely Discordant Sib Pairs," *American Journal of Human Genetics* 70, no. 2 (2002): 526–529.
5. U. Gneezy and A. Rustichini, "Gender and Competition at a Young Age," *American Economic Review* 94, no. 2 (2004): 377–381.
6. M. Niederle and L. Vesterlund, "Do Women Shy Away from Competition? Do Men Compete Too Much?," *Quarterly Journal of Economics* 122, no. 3 (2007): 1067–1101.
7. E. P. Lazear and S. Rosen, "Rank-Order Tournaments as Optimum Labor Contracts," *Journal of Political Economy* 89, no. 5 (October 1981): 841–864.
8. J. M. Coates, M. Gurnell, and A. Rustichini, "Second-to-Fourth Digit Ratio Predicts Success Among High-Frequency Financial Traders," *Proceedings of the National Academy of Science* 106, no. 2 (2009): 623–628.
9. D. Biello, "What Is the Best Age Difference for Husband and Wife?," *Scientific American,* December 5, 2007.
10. L. Brizendine, *The Female Brain* (New York: Morgan Road Books, 2006).
11. M. R. Mehl, S. Vazire, N. Ramirez-Esparza, R. B. Slatcher, and J. W. Pennebaker, "Are Women Really More Talkative Than Men?," *Science* 317 (2007): 82.
12. A. Christensen and C. L. Heavey, "Gender and Social Structure in the Demand/Withdraw Pattern of Marital Conflict," *Journal of Personality and Social Psychology* 59 (1990): 73–81.
13. L. M. Papp, C. D. Kouros, and E. M. Cummings, "Demand-Withdraw Patterns in Marital Conflict in the Home," *Personal Relationships* 16, no. 2 (2009): 285–300.
14. S. R. Holley, V. E. Sturm, and R. W. Levenson, "Exploring the Basis for Gender Differences in the Demand-Withdraw Pattern," *Journal of Homosexuality* 57, no. 5 (2010): 666–684.
15. U. S. Rehman and A. Holtzworth-Munroe, "A Cross-Cultural Analysis of the Demand-Withdraw Marital Interaction: Observing Couples from a Developing Country," *Journal of Consulting and Clinical Psychology* 74, no. 4 (2006): 755–766.

16. A. F. Bogaert, "Biological Versus Nonbiological Older Brothers and Men's Sexual Orientation," *Proceedings of the National Academy of Sciences* 103, no. 28 (2006): 10771–10774.

第十五章　找到我的天作之合

1. M. Perry, P. J. Reny, and A. J. Robson, "Why Sex? And Why Only in Pairs?," discussion paper, Center for the Study of Rationality, Hebrew University, 2009.
2. E. Illouz, *Consuming the Romantic Utopia: Love and the Cultural Contradictions of Capitalism* (Berkeley: University of California Press, 1997).
3. G. Becker, "A Theory of Marriage Part 1," *Journal of Political Economy* 81, no. 4 (1973): 813–846.
4. G. Becker, "A Theory of Marriage Part 2," *Journal of Political Economy* 82, no. 2 (1974): 11–26.
5. D. Gale and L. S. Shapley, "College Admissions and the Stability of Marriage," *American Mathematical Monthly* 69 (1962): 9–14.

第十七章　我们为何如此消极？

1. J. von Neumann and O. Morgenstern, *Theory of Games and Economic Behavior* (Princeton, NJ: Princeton University Press, 1944).
2. R. C. Battalio, J. Kagel, and D. MacDonald, "Animals' Choices over Uncertain Outcomes: Some Initial Experimental Results," *American Economic Review* 75 (1985): 597–613.

第十八章　论傲慢与谦逊

1. A. M. Spence, "Job Market Signaling," *Quarterly Journal of Economics* 87, no. 3 (1973): 355–374.
2. A. Tversky and D. Kahneman, "Extensional versus Intuitive Reasoning," *Psychological Review* 91 (1984): 293–315.

第十九章　自负与风险

1. B. Barber and T. Odean, "Trading Is Hazardous to Your Wealth: The Common Stock Investment Performance of Individual Investors," *Journal of Finance* 55, no. 2 (April 2000): 773–806.
2. U. Gneezy, M. Niederle, and A. Rustichini, "Performance in Competitive Environments: Gender Differences," *Quarterly Journal of Economics* 188, no. 3 (August 2003): 1049–1074.

3. K. Dobson and R. L. Franche, "A Conceptual and Empirical Review of the Depressive Realism Hypothesis," *Canadian Journal of Behavioural Science* 21 (1989): 419–433.
4. M. Niederle and L. Vesterlund, "Do Women Shy Away from Competition? Do Men Compete Too Much?," *Quarterly Journal of Economics* 122, no. 3 (2007): 1067–1101.

第二十章　随声是非

1. S. Bikhchandani, D. Hirshleifer, and I. Welch, "A Theory of Fads, Fashion, Custom, and Cultural Change as Informational Cascades," *Journal of Political Economy* 100, no. 5 (1992): 992–1026.
2. J. Bracht, F. Koessler, E. Winter, and A. Ziegelmeier, (2010) "Fragility of Information Cascades: An Experimental Study Using Elicited Beliefs," *Experimental Economics* 13, no. 2 (2010): 121–145.
3. B. Sacerdote, "Peer Effects with Random Assignment: Results for Dartmouth Roommates," *Quarterly Journal of Economics* 116, no. 2 (2001): 681–704.
4. S. Nieuwenhuis, B. U. Forstmann, and E. Wagenmakers, "Erroneous Analyses of Interactions in Neuroscience: A Problem of Significance," *Nature Neuroscience* 14 (2011): 1105–1107.
5. A. Tversky and D. Kahneman, "The Framing of Decisions and the Psychology of Choice," *Science* 211, no. 4481 (1981): 453–458.

第二十一章　团队精神

1. M. Knez and D. Simester, "Firm-Wide Incentives and Mutual Monitoring at Continental Airlines," *Journal of Labor Economics* 19, no. 4 (October 2001): 743–772.
2. E. Winter, "Incentive Reversal," *American Economic Journal: Microeconomics* 1, no. 2 (2009) 133–147.
3. E. Klor, S. Kube, E. Winter, and R. Zultan, "Can Higher Bonuses Lead to Less Effort? Incentive Reversal in Teams," *Journal of Economic Behavior and Organization* 97 (2014): 72–83.
4. E. Winter, "Incentives and Discrimination," *American Economic Review* 94, no. 3 (2004): 764–773.
5. S. Goerg, S. Kube, and R. Zultan, "Treating Equals Unequally: Incentives in Teams, Workers' Motivation and Production Technology," *Journal of Labor Economics* 28 (2010): 747–772.

6. A. Cabrales, R. Miniaci, M. Piovesan, and G. Ponti, "Social Preferences and Strategic Uncertainty: An Experiment on Markets and Contracts," *American Economic Review* 100, no. 5 (December 2010): 2261–2278.
7. A. Ichino and G. Maggi, "Work Environment and Individual Background: Explaining Regional Shirking Differentials in a Large Italian Firm," *Quarterly Journal of Economics* 115 (2000): 1057–1090.
8. A. Falk and A. Ichino, "Clean Evidence on Peer Effects," *Journal of Labor Economics* 24, no. 1 (2006): 39–58.
9. A. Mas and E. Moretti, "Peers at Work," *American Economic Review* 99, no. 1 (2009): 112–145.

第二十二章　非理性情感

1. P. D. Drummond, L. Camacho, N. Formentin, T. D. Heffernan, F. Williams, and T. E. Zekas, "The Impact of Verbal Feedback about Blushing on Social Discomfort and Facial Blood Flow During Embarrassing Tasks," *Behavior Research and Therapy* 41, no. 4 (2003): 413–425.
2. B. Ware, *The Top Five Regrets of the Dying: A Life Transformed by the Dearly Departing* (Carlsbad, CA: Hay House, 2012).
3. N. Camille, G. Coricelli, J. Sallet, P. Pradat, J. R. Duhamel, and A. Sirigu, "The Involvement of the Orbitofrontal Cortex in the Experience of Regret," *Science* 304, no. 5674, (May 2004): 1167–1170.
4. M. R. Delgado, A. Schotter, E. Y. Ozbay, and E. A. Phelps, "Understanding Overbidding: Using the Neural Circuitry of Reward to Design Economic Auctions," *Science* 321, no. 5897 (2008): 1849–1852.

第二十三章　先天与后天

1. A. Knafo, S. Israel, A. Darvasi, R. Bachner-Melman, F. Uzefovsky, L. Cohen, E. Feldman, E. Lerer, E. Laiba, Y. Raz, L. Nemanov, I. Gritsenko, C. Dina, G. Agam, B. Dean, G. Bornstein, and R. P. Ebstein, "Individual Differences in Allocation of Funds in the Dictator Game Associated with Length of the Arginine Vasopressin 1a Receptor RS3 Promoter Region and Correlation Between RS3 Length and Hippocampal mRNA," *Gene and Brain Behavior* 7, no. 3 (2008): 266–275.
2. R. Ebstein, S. Israel, S. H. Chew, S. Zhong, and A. Knafo, "Genetics of Human Social Behavior," *Neuron* 65 (March 2010): 831–844.